戦後日本政治の総括

戦後日本政治の総括

田原総一朗
Soichiro Tahara

岩波書店

はじめに

令和になって、戦争を知らない天皇が登場した。そういえば、安倍晋三首相も、菅義偉官房長官も戦争を知らない世代である。

そして、文科省は、占領軍の政策に阿《おもね》ったのか、小学校から高等学校まで、特に昭和の歴史については一面的にしか教えていない。

だから、日本が太平洋戦争で敗戦を迎えたのは、私の国民学校五年生のときだが、それまでに私たちが教えられていた昭和と、中学に入ってから教えられた昭和は、大きく変わってしまった。

私たちが、何度となく強調された「昭和維新」などという言葉は、全くなくなってしまった。

それに、一九七〇年代に入って、高校や大学で、教える側も、学生の側も、政治というものについて議論することが、タブーのようになってしまった。

私たちは、大学生のときに、米軍基地反対や、自衛隊は憲法違反だとするデモなどを行なったが、デモはおろか、議論さえしなくなってしまったのである。

私は、中途半端ではあるが、日中戦争も、太平洋戦争の経験も、それなりに知っている。

敗戦を境に、教師やマスコミや政府のいうことが、一八〇度変わってしまった。その大矛盾を、いわば押しつけられたのである。

だが、私たちの世代の先輩にあたる戦後の政治家たちは、その大矛盾のいずれにも、加担しているのだ。いってみれば、戦後、連合国から「侵略」だと決めつけられた戦争に加担し、戦後は、それと真逆の、連合国の政策にも加担しているのである。

たとえば、戦後、首相として日米安全保障条約を成立させた岸信介は、太平洋戦争勃発時の東条内閣の閣僚であり、戦後、A級戦犯疑惑で逮捕されている。また、田中角栄、中曽根康弘、竹下登などは、いずれも戦時中は軍人であった。

だが、戦後は、連合国は、二度と日本が戦えないように軍隊を解体させ、経済的にも、連合国にとって脅威にならないように、財閥を解体させるなどした。ただし民主主義国として再建させるために、象徴天皇、基本的人権、男女平等、言論・思想・宗教の自由などを明記した憲法を発布させた。もちろん、占領軍が策定したのである。

岸信介をはじめ、戦後の政治家たちは、こうした連合国、とくにアメリカの戦略に従った政治を行なわざるを得ず、それは、くり返し記すが、敗戦まで、彼らが考え、行なって来たこととは、ほとんど真逆のことであった。

しかも、東西冷戦が始まって、朝鮮戦争が起きると、アメリカの対日戦略が大きく変わり、自衛隊の前身となる警察予備隊をつくらされ、日本の経済も強化されることになった。

日本の企業に、アメリカの先端技術などが、どんどん導入されるようになったのである。

冷戦下で、軍事的にも経済的にもアメリカを補完できる国にしようとしたわけだ。

そして一九六〇年には、日本の主体性をある程度認める、日米安全保障条約が成立した。

ときの首相は岸信介であった。

実は、六〇年の安保条約のときは、私自身も参加した「安保反対デモ」が全国的にまき起こって、女子東大生が死亡するなどの事件が生じて、岸首相は辞任することになるのだが、吉田茂による安保条約が、米軍の占領政策の延長であったのに対して、岸安保は、それなりに日本の主体性が認められていたのだ。

ただし、岸信介は、安保条約の前に、警察の強化を図ろうとし、安保条約後には憲法改正を考えていて、私を含めて、国民の多くは、それを恐れたのである。岸信介は、いわばこの国を敗戦前の状態に戻そうと考えていたわけだ。

しかし、岸信介にしてみれば、それが日本の主体性を取り戻すことであったのだろう。

ところが、池田勇人以後の首相は、誰も憲法改正を主張しなくなり、警察力の強化、つまり戦前の警察に戻すことも考えなくなった。

そして多くの米軍基地が持続し、事実上の対米従属であることを認めつづけた。

何よりも、日本の経済の復興と、戦争を避けることに重点を置きつづけてきたようだ。

だが、実は吉田茂は、日本が経済的に一人前の国になったら、憲法を改正して、自立することを考えていたのである。吉田茂を詳しく研究した高坂正堯氏から聞かされた。

それでは、吉田茂の理念を受け継いでいると自認している池田勇人、佐藤栄作、田中角栄などが、なぜ吉田茂の本当の目標を置き去りにしてしまったのだろうか。

さらに、吉田茂とは対極にあるはずの、岸信介の理念を継いだはずの、福田赳夫《たけお》や小泉純一郎などが、なぜ、憲法改正、そして日本が主体性を取り戻すことを主張しなかったのであろうか。

戦後の首相たちは、アメリカの対日戦略をどのように捉え、この国をどのような国にしようと努めてきたのか。あらためて戦後の日本の政治の総括を試みることにした。

目　次

第1章　大人たちの変節

街の灯に解放を感じた

太平洋戦争が敗戦というかたちで終わったのは、私が国民学校——私が入学した年から、それまでの尋常小学校が「国民学校」との名称になった——初等科五年生の夏休みであった。八月一五日の正午、玉音放送を聞いたのである。生まれ育った彦根でのことだ。

この日、昼前から、近所の大人たち五～六人が、私の生家に集まってきた。ラジオのない家の人々だった。

正午に玉音放送、つまり昭和天皇の敗戦を告げる言葉が聞こえはじめた。ところが、雑音が多くて容易には聞き取れなかった。もちろん、私が一一歳で難しい言葉が理解できなかったためでもある。だが、「敵ハ新ニ残虐ナル爆弾ヲ使用シ」が、広島・長崎に投下された「新型爆弾」すなわち原爆のことを指しているのだな、とはわかったし、有名な「堪ヘ難キヲ堪ヘ忍ヒ難キヲ忍ヒ」という部分は現在でも鮮烈に覚えている。

放送が終わると、大人たちがその言葉の解釈をめぐって議論を始めた。「堪ヘ難キヲ堪ヘ忍ヒ難キヲ忍ヒ」というからには本土決戦をするのではないか、つまり、戦争は続くのではないか、という意見と、天皇がここでわざわざ肉声で放送するというのは、戦争が終わったからではないか、という意見と、真っ二つに分かれたのだ。

そうこうするうち、午後になって彦根市役所の職員たちが戦争が終わったことをメガホンで告げて回った。

戦争が終わった。私は敗戦の告知を聞いて、絶望的な気分に陥っていた。

軍国少年だった私は、海軍兵学校に入り、海軍の軍人になることが夢だった。いずれ戦争に参加して死ぬことは決まっていたので、いかに華々しく死ぬか、である。国民学校の生徒のくせに、死に方ばかり考えていた。その夢が、敗戦によって無に帰したのである。

私は祖母が住んでいた離れの二階へ行って、泣きに泣いて、泣いて、いつのまにか、泣き寝入りしてしまった。

戦争が続けば、本土決戦となり、八月ぐらいに九十九里あたりに米軍が上陸し、彦根にまで進軍してくるまでには二カ月ぐらいだろうと、町の大人たちは言っていた。その時には「男たちは米軍の戦車に弾薬を抱えて突っ込み、討ち死にせざるを得ない」と話し合っていた。冷静に考えれば、もはや海兵などに行ける可能性はなかったのに、そんなことは考えていなかったのである。

いったい何時間、寝入っていたのだろうか。ふと目が覚めると、夜になっていた。部屋の中は真っ暗だった。

二階の窓から外を見てみると、街並みが異様に明るい。前の晩までは灯火管制がしかれ、夜の街は真っ暗だった。それが敗戦で空襲の恐れがなくなったので、どの家も煌々と明かりをつけている。

〝明るいっていうのは、こんなにいいことなんだ〟

〝ああ、戦争は終わったんだ。もう死ななくていいんだ〟

明るい夜の街を見た瞬間、私は底なしの絶望感などすっかり忘れて、言いようのない解放感に浸っていた。

権威への反発の原点

ところで、国民学校では五年生になると軍事訓練が始まり、本格的な社会の授業が始まった。教師は、この戦争(当時は「大東亜戦争」と呼んでいた)は、世界の侵略国である米英両国を討ち破って、米英両国をはじめとするフランス・オランダなど欧米列強の植民地にされている大東亜の国々を独立させ、解放する正義の戦争だ、と力説していた。「だから君たちは、はやく大人になって戦争に参加し、天皇陛下のために名誉の戦死をすべきだ」と教えられ、一一歳の私は、それを当然のこととして受け止めていた。

ところが、敗戦を経て、二学期になって米軍が進駐してくると、教師たちの言うことが一八〇度変わった。

連合国軍最高司令官のマッカーサー元帥が厚木海軍飛行場に到着したのが八月三〇日、九月二日に米戦艦ミズーリ号上で降伏文書の調印が行なわれた。そして九月一一日には、東条英機元首相などに戦争犯罪者として逮捕命令が出された。

その頃になると、教師たちは、「あの戦争はやってはいけない誤りの戦争であったのであり、実は米英など連合国軍が正しかったのだ」と教えるようになった。戦争はやってはならない、君たちは何よりも平和を守るために頑張るべきだ、とも言った。

ラジオも新聞も同様であった。一学期の頃までは、国家の英雄、誇りとして称賛していた人物たちが進駐軍に逮捕されはじめると、一転して、彼らのような人間は逮捕されるのが当然であり、彼らがいかにやってはいけないことをやっていたか、と報じるようになった。その典型が東条英機である。

私が、もっと年上の大人であれば、敗戦とはそういうことで、戦前・戦時中の言動を全否定せざるを得ない、敗戦とはそういう屈辱的なことだ、と理解できたのかもしれない。だが、一一歳の私は、そうは思えなかった。国民学校に入学して以来、教師や校長、そして偉そうな大人たちが力説していたことは、全部ウソで、私たちは騙されつづけてきたのだ、と強い怒り、憤りがこみ上げてきた。

教師たち、偉そうな大人たち、つまり政府、そしてラジオや新聞などのマスメディアが報じることは、いっさい信じられない。信じたら騙される、と強く感じた。いわば、これが私たちの原点である。

五年生の三学期になると、一学期までは授業が始まると両手で押し戴いて開いていた教科書、絶対に正しいことが書いてあるはずの教科書に、いきなり、墨を塗らされた。いわば、教材の権威を否定する作業を自らの手で実施したわけだ。

これでは、すべてを疑うということが、嫌でも私たちの基本姿勢にならざるを得なくなる。

再び大人たちの変節

しかも、こうした体験が一度ではなかったのだ。

第二の体験は、高校一年のときであった。

一九五〇年六月二五日に、朝鮮戦争が勃発したのである。

北朝鮮軍が三八度線を越えて南進し、二八日に韓国の首都ソウルを占領した。ところがアメリカ軍が「国連軍」というかたちで朝鮮戦争に介入することになった。すると、中国も「義勇軍」というかたちで参加し、北朝鮮の味方をすることになった。

朝鮮半島の南北の戦争ではなく、資本主義対共産主義の国際イデオロギー戦争となったのである。

そして、七月八日、マッカーサー元帥は、時の首相、吉田茂に警察予備隊という名目で七万五〇〇〇人の軍事組織を創設するように指示した。GHQの命令は絶対で、日本政府としては従わないわけにはいかなかった。これが日本の再軍備への事実上のスタートである。

国民学校五年生の敗戦以後、教師たちは、戦争には絶対に反対であり、君たちは日本が平和国家として維持できるように身体を張って頑張れと、ことあるごとに私たちに向かって強調していた。

国民学校六年生の一一月には新しい憲法が公布されていた。新しい憲法は、主権は国民にあると定め、国民は全ての基本的人権を保障され、言論、思想、信教、結社などの自由を保障されているとうたいあげていた。

そして、九条二項では、戦力は保持せず、交戦権を認めないと明記していた。

日本は、二度と戦争をしない平和国家であり、言論、表現、思想の自由は保障されている。

ところが、朝鮮戦争がはじまって、警察予備隊の役割が決まったとき、私が、「朝鮮戦争にアメリカが介入するのは反対、警察予備隊も反対」と言うと、教師たちは、「お前は共産党か」と言って私を睨みつけた。平和を守るために身体を張って頑張れ、と言っていた教師たちが、である。

実は、戦後、米軍と共産党とは関係が悪くはなかった。むしろ良好だった、ともいえる。

私たちは米軍を「進駐軍」と呼んでいた。「占領軍」と言っていた人々もいた。だが共産党の人々は、米軍を「解放軍」と呼んでいた。積極的に評価していたのである。

なぜならば、太平洋戦争に強く反対し、弾圧にあって刑務所に長く収容されていた宮本顕治などの幹部たちが、敗戦後、進駐軍によって解放されたからである。

そして、当時の日本共産党の幹部である野坂参三や徳田球一たちは進駐軍の事務所にもよく出入りしていた。平和と、言論・表現の自由を進駐軍は旗印にしていたのだから、違和感はなかったのだ。

戦後の逆流の中で

朝鮮戦争が始まるまでは、米国は日本が軍事力を持つことを恐れていた。再び米国などに戦争を仕掛けるような国には、絶対にしたくなかったのだ。はっきりと言えば、日本を軍事力を持たない国家とし、経済力も出来る限り弱くしておきたかったのである。

たとえば、一九四六年一一月に対日賠償問題のアメリカ代表、E・ポーレー大使が作成したレポートでは、日本の鉄鋼企業で戦災を免れた工場の設備はできる限り東南アジア諸国に移すということになっていて、日本鉄鋼業の原料はすべて国内のくず鉄でまかなう、としていた。日本の鉄鋼業が強くなることを恐れていたのである。

ところが、冷戦が始まるとアメリカの対日戦略は大きく変わった。アメリカの戦略を補うために、日本の経済力を強化させることになったのである。

これを如実に示しているのが一九四八年三月に公表されたC・ストライク団長のレポートで、ポーレー報告とは打って変わって、日本の鉄鋼業はアメリカの新しい技術を導入すべきだ、とまで言うようになった。

朝鮮戦争の勃発により、アメリカは日本に事実上の軍事力を持たせることを決断した。そうなると今度は、戦争に絶対反対し、しかも資本主義に反対している共産党は進駐軍にとり厄介な存在になったのである。

一九五〇年七月二四日、GHQは共産党員とその同調者の追放を指示した。日本共産党の合法性を奪いその存在を認めるなと日本政府に命じたのだ。いわゆるレッドパージである。GHQは「レッド・コア・パージ」のつもりだったのを、日本政府がその枠を大きく広げたということのようだ。

私は、レッドパージは明らかに憲法違反であり、認めるわけにはいかないと強く感じた。そして、自分の将来にとって不利になるかもしれないという不安を抱きながらも、政府のやり方に対して批判の声をあげざるを得なかった。私たち国民が大歓迎した憲法を、そして民主主義を捻じ曲げ、戦前の日本に戻そうとしているという危惧の念を禁じ得なかったのである。

レッドパージに強い危機感を持つ大人たちは、こうした思いを強めていた。私がそうした大人の思惑を正確に理解していたとは言いがたいが、その危機感に同調していた。

逆コースを強引に推し進めた「元凶」は首相の吉田茂だと、私が共感した大人や知識人たちは決めつけていた。たしかに、羽織袴に白足袋姿で野党を、そして国民をバカにしたような話し方をする吉田首相の貴族趣味に凝り固まった姿格好、そしてその言動は、大人たちの言う「保守反動」の象徴のように見えた。当時の新聞や雑誌もそのような吉田の印象を強め、「吉田叩き」に精を出していたのである。激しく叩けば叩くほど国民に受けた。だからこそ新聞や雑誌はなおのこと吉田叩きに専念したのだ。これはひとつの悪循環だったと言える。

現に吉田が退陣した時、朝日新聞は社説で「我々はかねてから吉田内閣の総辞職を迫ってきたが、吉田首相がそれに応えたことは評価する」と皮肉いっぱいに書き、文藝春秋は「言論は空しくなかった！」という論考を臨時増刊号に掲載した。率直に言って私も、吉田が辞めてなんとなく世の中が明るくなったと感じた。大学一年の一二月だった。

レッドパージへの憤り

一九五一年九月、サンフランシスコ講和条約が調印され、日本は独立した。日本側の全権団の主席は首相の吉田茂であった。この講和条約の調印と同じ日、日米安全保障条約も調印された。こちらは吉田が一人で調印している。

実は、吉田は安保条約を認めることに対して、強く反対したようだ。しかし、そのことを私が知ったのはずいぶん後になってからのことである。

ところで、朝日新聞をはじめ多くのメディアは、日本と戦った世界の全ての国々との講和、つまり全面講和を強く主張していた。アメリカを中心とした西側の国々との「片面講和」とすることは、東西冷戦を激化させ、日本が戦争に巻き込まれる危険が強まることを意味する。そして、それこそがアメリカが講和条約を急ぐ理由なのだ、というのである。

当然ながら、と言うべきか、ソ連や中国、そして東欧の国々は講和条約に参加しなかった。東京大学総長の南原繁をはじめ、大内兵衛、丸山眞男、清水幾太郎、蠟山政道、都留重人など、私が、というよりは私の教師や先輩たちが信奉していた知識人たちが、吉田首相の片面講和は憲法違反であり、ソ連や中国、北朝鮮、そして東欧の国々を敵視するものであって、新たな戦争の危険性を増大させる条約だと、激しい批判を展開した。

私に異論のあるはずがなかった。

こうした学者たち、とりわけ南原繁をさして、吉田茂は「曲学阿世の徒」と決めつけたが、私たちは、吉田こそ日本を危険な回路に引っ張り込む反動政治家だとの思いをいよいよ強くしたのだった。

この時代の、少なくとも私が知る限りの多数の日本人の常識は、日本は非武装中立であるべきだ、というものであった。もっとも、朝鮮戦争の勃発などで米ソ冷戦が決定的になる情勢のもとでは、全面講和との主張は現実性に乏しい理想論だったとも言えるが、そういうことを考えるようになったのは三〇歳を超えて、実際にアメリカやソ連、中国などを取材するようになってからのことであった。

レッドパージに強い憤りを覚えた私は、太平洋戦争に最後まで反対し、吉田内閣に対しても痛烈に批判を繰り広げている日本共産党に強い信頼感を抱いていた。大学時代にはマルクスの『資本論』を読んだ。しかし、あまりに難解だったため、途中で読み続けることを諦めたというのが実際のところである。

大学生の時には何度か共産党の学生組織から参加しないかと誘われた。しかし、私は共産党は信頼していたのだが、学生組織の幹部の話を聞くと、大変に厳しい学習と活動を行なっていて、規律というものが苦手で、後には会社を二度もやめることとなる私としては、申し訳ないが、と言って辞退せざるを得なかった。

くり返し記すが、朝鮮戦争の勃発、そして片面講和、それと同じ日に結ばれた日米安保条約、さらに国民の強い反対を押し切って通された破壊活動防止法案、警察法改正案など、当時の私たちから見れば日本政府は強引にこの国を戦前の軍国主義体制に引き戻そうとしているかに見えたのである。

岸首相への反発が生んだ安保闘争

その不信感と憤りが頂点にまで達して繰り広げられたのが、岸信介首相の一九六〇年の日米安保条約改正に反対する未曽有の国民運動だった。

当時、私は岩波映画というドキュメンタリー映画の製作会社に所属していて、毎日のように安保反対デモに参加し、「安保反対、岸は辞めろ」と連呼していた。会社公認の、いや、会社ぐるみと言っていいデモであった。

余談だが、この会社の入社試験の面接で、今では考えられないが、「君の支持政党はどこか」と問われ、安全弁のつもりで「社会党だ」と答えると、面接の主任らしい人物に「中途半端だなあ」とからかわれた。そういう会社だったのである。

一九五八年にフルシチョフがスターリンを批判してソ連の首相となり、「雪どけ」がこの時代のキーワードになっていた。そんな時代に安保条約を改正して日米軍事同盟を強化するのは明らかに時代に逆行し、それはアメリカの極東戦略に日本を組み込むものであって、一九五四年に発足していた自衛隊をアメリカの手先として使うようにするものだ、そう私たちは捉えていたのである。

しかもアメリカの押し付けではなく、岸首相は自ら積極的に、自衛隊が国軍となってアメリカと共同戦略を展開することこそ狙っている、岸首相の安保改正に反対する多くの人たちはこのように認識していた。

だが、率直に記せば、私はもちろん、安保反対のデモの参加者やリーダーたちですら、そのほとんどが、実際には新安保条約の条文や吉田首相が結んだ旧日米安保条約の条文を読んだことはなかった。安保改正といっても、吉田安保のどこをどう変えるのか、具体的には知らなかったのである。後のことだが、当時の全学連のリーダーであった西部邁《すすむ》や伊藤隆、佐藤誠三郎たちから、彼らも岸安保や吉田安保の条文を何も読んでいなかったと聞いた。

あそこまで一九六〇年の安保闘争が盛り上がったのは、首相が岸信介だったからである。私をはじめ少なからぬ国民が、岸首相によって平和や民主主義という戦後の理念がぶち壊され、軍国主義の時代に戻されてしまうという危機感を募らせていたのだ。日本を戦争に陥れた東条英機内閣の商工大臣であり、戦後はA級戦犯容疑者として巣鴨拘置所に勾留されていた岸に対して、国民の多くは、日本を侵略戦争に駆り立てた「凶悪の一味」として認識していたのである。

岸が、東条英機など七人のA級戦犯が東京裁判を経て処刑された翌日、つまり一九四八年一二月二四日に釈放されたことについても、「日本を再軍備させるためのアメリカとの密約によって釈放されたのだ」などというきな臭い噂が少なからず流れていた。

ともかく岸首相が逆コースの主犯だ、という点では多くの国民の認識が一致していた。

後のことだが、岸にはアメリカから極秘資金が流れていたことも明らかになっている。

とりわけ国民の反岸感情が決定的になったのは、一九五八年一〇月八日、なんの前触れもなく、警察官職務執行法の改正法案を国会に提出したことであった。これは現行法が個人の生命・財産を保護する観点から警察官の行動を抑制しすぎているので、公共の秩序維持のために警察官の職務執行の権限を強化させる、というものであった。

これに対して、社会党や総評、そして朝鮮戦争以降の「逆コース」に強い危機感を抱いていた多くの国民が、国民の権利と自由を侵害して民主主義を破壊する悪法であり、岸は軍国主義と警察国家に引き戻すことを狙っているに違いない、と強く考えたのだ。

当時の国民にとって警職法改正反対という主張は受け入れられやすかった。それは、現在では想像できないほど、戦前・戦中の警官の強圧ぶりを多くの国民が実体験し記憶していたからである。一〇月末になって警職法反対は全国的な国民運動の様相を呈し、さらには与党の自民党内でも反対の声が強まるに至って、一一月二二日には事実上廃案となったのである。

デモ隊の渦中で迎えた六月一五日

安保改正に戻る。

新聞はもちろん、登場して間もない民放テレビも、これは安保改正ではなく「改悪だ」と連日のように強調し、岸首相は退陣せよというフレーズがすっかり定着していた。一九六〇年五月一九日に岸首相は国会会議場に五〇〇人の警官隊を導入し、全野党が欠席のまま新安保条約を強行採決した。

だが、それによって保守色の強い学者や文化人たちも岸の独裁的手法を一斉に強く批判するようになり、たとえば当時から反朝日新聞を売りにしていた産経新聞でさえ、反岸の記事で紙面を埋めた。

六月一五日も、もちろん私はデモ隊の中にいた。この日のデモ参加者は全国で五八〇万人だったと伝えられている。

国会前では、デモ隊に右翼が釘などを打ち込んだ長い棒をかざして殴り込みをかけ、少なからぬ負傷者が出る状況であった。右翼との衝突から逃れていったん会社に引き上げた私たちに、「学生が警官隊に殺された」という情報が入り、私たちは直ちに国会前に駆け戻った。座り込みの学生たちと警官隊がにらみ合いをしていて、警官隊による催涙ガスが一帯にたち込めており、いくら拭いても涙が止まらなかった。

殺されたのは樺美智子という東大生だとわかった。他に病院で手当てを受けた負傷者が約五〇〇人にものぼった。

この事件で岸内閣の基盤は決定的に揺らいだ。アイゼンハワー大統領の訪日が中止となり、岸政権は倒れた。

敗戦を知っている私としては、何よりも政治権力への根本的な不信感が強かったのである。

第2章　思想的展開と逡巡

テレビの世界へ

私は、一九六四年二月に、開局の準備を進めていた東京12チャンネル(現在のテレビ東京)に入社した。

実は、岩波映画の時代に、テレビ朝日(当時は、日本教育テレビ)の女性ディレクターから、幼稚園児相手の番組の構成を頼まれたことがあった。映画会社では、新しい映画をつくる際には、企画案を書いて何度も会議を行ない、企画案を何度も書き直して、それでも日の目を見ないことが少なくない。

ところが、若い女性ディレクターに、その場で考えた構成案を話すと、すぐに、「それでいきましょう」と答え、「構成台本を今晩中に書いてほしい」と求められた。この性急さに驚き、それでも書いた後には何度か書き直しを求めるのだろうと思って、本番はいつか、と問うと、「明後日です」と答えた。

構成台本ができたら、いきなり本番だというわけだ。私は、この安直さ、いいかげんさに、驚き、そして呆れた。ところが、ディレクターのいった通りに、台本の書き直しもなく、本番が収録されたのだが、まずまずの出来で、オンエアもされた。

実をいえば、私は、映画とは全く違う、テレビの、この安直さ、いいかげんさに強い魅力を覚えたのである。

テレビの世界であれば、思ったこと、そして思い切ったことができるのではないか。この時の幼稚園児相手の番組のような経験を何度も重ねて、テレビの世界に入ることにしたのである。そして、私の思いは間違ってはいなかった。

真っ青になった学生たち

東京12チャンネルで、思い切ったドキュメンタリー番組を何本もつくり、いくつか賞をとったこともあってか、一九六五年七月にソ連の首都モスクワで行なわれることになった世界ドキュメンタリー会議に、日本からは私が参加することになった。もちろん、私にとって、晴れて初めての海外旅行であった。

そして、ソ連で、私の世界観を大きく変えざるを得ない事態に直面したのである。

当時は、冷戦の最中で、日本からソ連に入国するのは容易なことではなかった。世界ドキュメンタリー会議からの招待ということでなければ、ソ連への入国は無理だったはずだ。そんなこともあって、私はソ連行きに大きな期待を抱いていた。

前章でも記したが、私は、太平洋戦争に最後まで反対し、不当なレッドパージを受けた日本の共産党を信頼しており、いまにしていえば、平等を大前提とするソ連を「理想の国」と捉えていたのである。それは日本を事実上支配し、戦争に巻き込もうと謀っているように思っていたアメリカに対する拒絶感の裏返しでもあったのだろう。

それに、一九五三年九月にフルシチョフが第一書記となり、五六年には弾圧をくり返したスターリン批判演説をして、日本では「雪どけ」としてフルシチョフは大いに歓迎されていた。フルシチョフ時代に、ソ連は、世界初の人工衛星「スプートニク」の打ち上げに成功し、有人宇宙飛行にも成功するなど、宇宙戦略でアメリカを引き離して、世界の注目を集めていた。ところが、一九六四年一〇月に、そのフルシチョフが失脚したのである。

世界ドキュメンタリー会議の一年前だ。

だから、私は、ソ連に対する期待感とともに、フルシチョフ失脚の本当の原因を知りたかった。

そこで、モスクワに着いてから主催側の幹部らしい人物に、「モスクワ大学の学生たちとディスカッションをしたい」と申し入れると、学生たちを一五人集めてくれた。場所はモスクワ大学の教室の一つで、校舎に入るとき、モスクワの街なみがきれいに広がっていた。

私は、一九五九年のキューバのカストロによる革命の成功や、一九六三年のケネディ大統領暗殺などについて聞いた後、「フルシチョフはなぜ失脚したのか」と学生たちに尋ねた。学生たちは、当然、それぞれに説明してくれるもの、と思っていたのだが、誰もが口を閉じてしまった。顔が真っ青になり、どの学生の唇も震えんばかりになっている。そして、同行してくれた人物が「そんなことを聞いてはダメだ」と強い口調で言った。そして、ディスカッションが終わった後、その人物は「政治の話は絶対にダメです」と、あらためて首を振って言った。

私は四週間、ソ連に滞在した。レニングラードやキエフなどへも行った。どこか地方都市を訪ねたい、と言ったらキエフに案内されたのだが、現在のウクライナの首都である。そのキエフまでが当時はソ連だったわけだ。

ソ連で体験した幻滅

そして四週間の滞在で、ソ連には、言論・表現の自由というものが全くないということを思い知らされた。

ソ連について私が抱いていた幻想は、叩き壊されたのである。

くり返し記すが、私は、ソ連は理想的な国で、世界はいずれ、社会主義、共産主義になるのではないか、と考えていた。その意味では、私は左翼であった。それだけに、ソ連の現実は大ショックであった。

それにしても、ソ連はなぜ、言論・表現の自由を認めていないのだろうか。

人間は、誰でも競争心というのを持っている。だが、競争心があると競争をする。そして競争をすると、優劣の格差が生じる。これは平等に反することになるので、平等を前提とするソ連では、競争というものを認めない。つまり人間が本能的に持っている競争心を認めない。だから、言論・表現の自由を認めないということになるのだろうか。

一九七〇年代になってからのことだが、国際エコノミストの長谷川慶太郎氏にオフレコを前提に共産主義について問うたことがある。長谷川氏は日本で最も早くニクソン大統領の訪中について語り、オイルショックで、日本に石油が来なくなると大騒ぎをしていたとき、石油は大量に来る、値段が上がるだけだと言い切って注目された人物である。

長谷川氏は、学生時代は熱心な共産主義者で逮捕歴もある。だが一九七〇年代になって反共産主義に転じていた。

長谷川氏が共産主義と縁切りをしたのは、一九六〇年代の末に東欧の共産国を取材して回ったことが要因のようであった。その長谷川氏から詳しく話を聞く機会があった。

「長谷川さんは、いつ、なぜ、東欧のどんな国を回られたのですか」

「ブルガリア、ポーランド、チェコ、東ドイツなどを回りました。チェコで独立運動が起きて、ソ連がチェコに侵入した事件で、当時の情勢の主役はドプチェク共産党第一書記でした。このドプチェクと三年間同じ部屋で暮らしたという人物がいて、ブルガリアの国家経済計画委員会の議長、そして副首相になった人物ですが、彼が、私にブルガリアの七つの工場を見てくれと頼んだのですよ。一九六八年のことです。もう彼は亡くなりましたけどね。彼が「我が国の工場を見てほしい。そして、国際競争力を持てる条件をどうしたら整備できるか、具体的に教えてほしい」といったのです。それで二カ月間調べて歩きました」

「共産主義の国で、そんな危機感を持っている人物がいたのですか。そして、なぜ日本人の長谷川さんに頼んだのですか」

「その頃、ブルガリアで一番貿易関係が多かった西側の国が日本だったのです。たとえば、ジャムだとか、もっと大きいのが銑鉄。こういうものを日本に一生懸命売っていた。そして、日本の経済が大変成長しているのを知っていて、その高度成長のノウハウは何かということに興味があった。それで、七つの工場を見て歩いたのですが、結論として、「ダメだ。国際競争力を持てる方法はない」と判断せざるを得なかった」

「どういうところがダメだったのですか」

「たとえば、あるコンビナートのトップに「あなたのところは、人間が多すぎるのではないか」と聞くと、「近代的プロレタリアートは大工場でしか育たないという原則を忘れたか」と怒るのですよ」

「プロレタリアートを育てるために、多すぎる人間を雇っているのですか」

「そうです、だから、生産性なんかはどうでもいい。大コンビナートのトップが、そう言うのですよ。「では、あなたのところは国際競争ということを考えていないのか」と聞くと、「計画経済では、国際競争なんてものはない」というのです。田原さん、これじゃあダメでしょう」

「つまり、ユーザーのニーズなんてことは、全く考える必要がないんだ」

「全然考えていない」

「品質を良くするなんてことも必要ない」

「その通りです。これじゃ、どうにもならないでしょう。そしてこれは、彼らが大原則としているマルクス・レーニン主義から出ているのです。だったら、「こんなものはとんでもない」ということで、私は共産主義に見切りをつけたのです」

長谷川氏の話を聞いて、私は、新日鐵の初代社長だった稲山嘉寛氏が、中国の上海宝山製鉄所をつくるときに苦労した話を思い出した。

稲山氏が一番困ったのは、中国側に「競争」ということを理解させることだったそうだ。当時、中国では競争という概念がなく、競争に替わるものが「ノルマ」だったという。

それでは「競争」と「ノルマ」は、どのように違うのか。

その違いを私なりにはっきり摑めたのは、ゴルバチョフ共産党書記長がペレストロイカを宣言した後に、モスクワのいくつかの工場を取材したときであった。たとえば、トラック工場や家具工場では、顧客にとっての使いやすさや品質のことなどは全く考えていず、「ノルマ」は、鉄をどれだけ使うかということで、農場に入れない大型トラックばかりつくったり、家具はいずれもやたらに重かった。

話を戻す。一九六五年にモスクワで言論・表現の自由、そして競争ということを認めないこの国に将来はない、いずれ崩壊せざるを得ない、と強く感じたが、帰国してからも、そのことを誰にも言えなかった。当時、どの新聞もテレビも、ソ連は理想的な国だと捉えていて、ソ連に将来性がない、などと言ったら、間違いなく私はマスメディアからパージされていただろう。テレビ局内でも、完全に孤立することになったはずだ。だが、いつかは、そのことを言わなければならないとは決意していた。

当然のことながら、私は左翼ではなくなった。

吉田茂と安保条約

ところで、前章で記した吉田茂元首相についてだが、くり返しになるが、私は良い印象を持っていなかった。戦後の民主的改革を強引にさえぎって逆コースに引き込んだ、典型的な保守反動の政治家だと捉えていたのである。

私だけが反発を覚えていたのではない、吉田首相が誕生したときの各新聞は強烈な非難一色であった。

「日本の民主主義変革を推進する上に於いて、われわれは、吉田内閣に、何一つ期待すべきものを持たぬ。かかるものとして、吉田内閣が実在し、これに対抗するものとして、民主戦線が成立すべきことは、理の当然であり……」(一九四六年五月二三日、朝日新聞社説)

「吉田内閣は、幣原《しではら》内閣の継続とも評すべき保守内閣であって、これに日本革新の根本策が出来るとは決して納得し得ない」(五月二一日、毎日新聞社説)

そして、読売新聞は、当時まだ組合管理の状態だったが、「反動内閣反対に起て」(五月一七日)と強調している。

だが、私と同じ年の生まれの国際政治学者、高坂正堯氏(当時京大助教授)の「宰相吉田茂論」という論文が、私の吉田像を大きく変えた。

「これまで、吉田茂は評論家と知識人によって恐ろしく不当に扱われて来た。吉田の独善ぶりと頑固さは、まるできまり文句のようにくり返されて来た。しかし、それは言を返せば決断力と信念の固さということではないだろうか。そして、彼は長所と短所を含めたすべての能力を投入して、ひとつの仕事に傾倒して来たのではないだろうか。吉田は国際政治について確固たる哲学を持ち、その哲学が指し示す地位を日本に与えようとしたのだと私は思う」

この論文が『中央公論』に掲載されたのは一九六四年二月で、キューバ危機やベルリンの壁構築などの直後で、米ソが一触即発の危機に瀕していた時期であった。この前年の一一月二二日にジョン・F・ケネディ大統領が暗殺されていた。

日本の評論家・知識人のほとんどが「進歩的文化人」の範疇に入っていて、吉田茂の属する保守勢力すなわち「悪」とされていた時代に、言論界から抹殺されかねない挑戦をやってのけた高坂の勇気と正義に、私は彼が六二歳で亡くなるまで深い敬意を抱きつづけることになった。論文を発表したとき、何と高坂は二九歳の若さであった。そして恥ずかしいことだが、私が中公叢書に収められた高坂の論文を読んだのは一九七〇年の夏であった。

たしかに吉田は、たとえば、新憲法が発布された後の国会で、共産党の野坂参三が、「戦争には二つの種類がある。日本が行なった侵略の戦争、これは正しくない戦争だが、中ソや米英その他の連合国の戦争は、正しい戦争といって差しつかえないと思う。……我々は戦争一般の放棄という形ではなしに、侵略戦争の放棄、とするのが的確ではないか」と問うた。つまり、自衛のための戦争は認められるのではないか、というわけだが、ところがこれに対して吉田は、「(共産党は)国家正当防衛権による戦争は正当なりとされているようだが、私はかくのごときことを認むること自体が有害であると思うのであります」と強い語調で答えている。吉田は、新しい憲法は、自衛権を認めていないと捉えていたようだ。

一九五〇年六月二一日に、アメリカの国務長官顧問ジョン・フォスター・ダレスが対日講和条約の担当者として来日した。そして翌日、吉田との会議が行なわれた。

ダレスは、話を日米安保条約の討議に向けようとした。だが、吉田は、この問題にふれたがらなかった。微笑を浮かべたり、含み笑いをしながら、回りくどい言い方をして、安保条約についての言質を与えようとしなかった。

そこで、ダレスは憤慨して会議を打ち切ってしまい、部下に「まるで不思議の国のアリスのような気がした」と、吐き捨てるように言ったそうだ。

吉田茂の戦後日本の構想

吉田は、ダレスを怒らせてまで、なぜはぐらかし続けたのか。日系アメリカ人で日本研究者であるマイケル・ヨシツが『日本が独立した日』(講談社)の中で、次のように書いている。

「吉田が、言質を与えず無知を装うのが、再軍備を回避するのにもっともよい方法だと信じていたのではないか。このような戦略によって、軍事基地を提供するという池田(勇人。吉田が密使としてアメリカに送り込んだ)を通じての申し入れは、暗黙の取引材料として使用できるかもしれなかった。つまり、非武装日本の実現と平和条約のかわりに、米軍の日本駐留権を認めるという取引である」

非武装日本を実現する。吉田茂は、本気でそれを考えていたのかもしれない。

だが、朝鮮戦争の勃発で事態は一変した。

一九五〇年六月二五日に、北朝鮮軍が三八度線を突破して南進し、二八日には韓国の首都ソウルを占拠した。

そして、七月一日にアメリカ軍が「国連軍」というかたちで参戦、七月八日に、マッカーサーの

ＧＨＱは表面的な言い方はともかく、日本に七万五〇〇〇人の警察予備隊を創設せよ、と命じた。いやもおうもなかった。実質的には再軍備である。

しかし、吉田は「警察予備隊は再軍備ではない」と言い張り、旧日本軍の幹部たちは、できるかぎり採用しない方針を打ち出した。吉田は、何よりも旧軍の復活を嫌っていたのだ。「軍部の暴走がこの国を滅ぼした」と心底から思っていたのである。

九月になると、アメリカは対日講和条約についての具体的な動きを示し、一五日にダレスは講和条約の基本方針を記者団に語った。言うまでもなく、ソ連など共産国を除く「片面講和」である。さらに、同時期に日米安保条約を結ぶという方針も示した。

もちろん講和条約も安保条約も、日本側の責任者は首相である吉田茂のはずだが、吉田は安保条約を締結するのを徹底的に拒もうとしたようだ。安保条約が占領体制の延長で、日本側は全く主体性を持てず、しかもアメリカの戦争に巻き込まれる危険性がある、と吉田は判断したのだろう。

そこで、困り切ったダレスは、何と昭和天皇に手を回した。占領国であるアメリカの意見は絶対である。そして、天皇の怒りに応えるかたちで、吉田は、ただ一人で安保条約の調印に臨んだのであった。その一年後に保安隊が設置された。そして、一九五四年に自衛隊となった。

安保改定の前史

前章で、私は「(政府に対する)不信感と憤りが頂点にまで達して繰り広げられたのが、岸信介首相の一九六〇年の日米安保条約改正に反対する未曽有の国民運動だった」と書いた。私自身、毎日のように安保反対デモに参加し、「安保反対、岸は辞めろ」と連呼していた。

ところが、日米安保条約を改正しようとした原因、そして改正に到る経緯がわかると、私たちの認識が少なからず誤っていたことを認めざるを得なかった。

実は、吉田安保については、政府内でも占領政策の延長だとする見方が強く、吉田内閣の後の鳩山内閣でも、安保条約を改正すべきだということになって、重光葵《まもる》外相が訪米してダレス国務長官と交渉を行なった。極端な不平等条約を平等に近づけようとしたのである。

ダレス長官は、「日米が相互防衛ができる体制をつくれるか」と問い、重光外相は「そういう体制にする」と答えたのだが、ダレスは冷ややかに突っぱねた。全く受け入れなかったのである。実は岸信介は、党幹事長として、この交渉の場に同席していた。そして、憲法を改正して自衛隊を戦える軍隊にしないと、安保改正は無理なのだ、と強く感じたようだ。

アメリカ側は、鳩山内閣は安定性がなく、少なくとも保守合同をして、強力な政権ができなければ、安保改正には乗れない、とも捉えていたようである。

その意味では、岸内閣は強力な政権であった。

それに、岸首相にとっては、いわば追い風となる出来事が相次いで起きたのだ。たとえば、石川県の内灘や浅間、そして新潟などの米軍基地に対する住民、農民団体、労組、社会党、共産党などの反対闘争が苛烈になり、東京都下の立川の砂川基地などの拡張を阻止する学生、住民、労組と警官隊の間で激しい衝突がくり返された。

私自身、砂川の闘争にはノンポリ学生として二度参加したが、米軍が日本国内で思い通りに基地を拡張し、それを阻止する日本人が、日本人の警察隊とぶつかり、肉体も心も傷つけあうというのはどうにも納得がいかず、ノンポリ学生ではあっても反米感情を高ぶらせていた。いつの間にやら、「ヤンキー・ゴー・ホーム」と怒鳴っていた。

吉田内閣では、米軍は日本政府と事前に協議することなく、自由に基地を移転し、拡張できることになっていたのだが、私たちはそんな不平等条約の内容は知らないまま、アメリカの理不尽さに反発を募らせていた。

ジラード事件

国民の反米感情を掻き立てる決定打となったのが、ジラード事件であった。

一九五七年一月三〇日、群馬県相馬ヶ原の米軍演習場で、屑鉄として売れる空薬莢を拾っていた農婦をウィリアム・ジラード三等特技兵が射殺するという事件が起きた。

当然ながら日本中が怒った。農婦たちがアルバイトで空薬莢を拾うのは日常事となっていたからである。

裁判所の帰属をめぐって紛糾し、結局、前橋地方裁判所が一一月に懲役三年、執行猶予四年の判決を下したのだが、日本中が大反発であった。

そして、岸首相は、まさにこの最中に訪米していた。この時期、マッカーサー元帥の甥が駐日大使であったが、彼は日米関係の悪化を危惧し、岸首相と何度も会議を重ねていた。そして、日米安保条約の改正を、何とアメリカ側から持ち出したのである。

対する岸首相もしたたかで、重光外相のような、相互防衛条約への全面改正は求めず、慎重に部分改正に絞った。

そして両者は、次の三点で合意した。

①米軍の配備については日本側と事前に協議する。

②日本が他国から攻撃されたときは、日本を防衛する。

③安保条約に期限をつける。

これは、岸首相が思ってもいなかった、有り難い贈り物であった。彼は、この改正を国民が大いに歓迎するはずだと確信した。国民の岸首相への反発を解決するプレゼントになると、自信を持った。

岸首相の訪米も成功であった。アイゼンハワー大統領とゴルフをし、シャワーまで一緒に浴びた。裸のつき合いができた、と岸首相は語っている。そして、安保条約が成立すれば訪日する、との約束まで得てきた。アメリカ大統領の初の訪日ということになる。

ところが、安保改正を目の前にして、国民のほとんどが憤る事態が生じた。

岸内閣が、一九五八年一〇月八日、何の前触れもなく、警察官職務執行法の改正法案を国会に提出したのである。これは、現行法が個人の生命・財産の保護を重視するあまり、警察官の行動を抑えすぎているので、公共の秩序維持のために警察官の公務執行上の権限を強化させる、というのであった。

社会党はこれに飛びついた。さっそく「国民の権利と自由を侵害し、民主主義を根底から破壊する悪法」であり、「岸は戦前の軍国主義、警察国家に引き戻そうと謀っている」のだと打ち出した。「警職法改悪反対」は、現在では想像もつかないほど、当時の国民には受け入れやすかった。戦前、戦中の政府の弾圧ぶりを多くの国民が体験していたからであった。

そして、またたく間に全国的な国民運動の様相を呈し、自民党内にも反対意見が強まって、一一月二二日に、事実上廃案となったのである。

それにしても、岸首相は、大本命である安保条約改正交渉の最中に、なぜわざわざ反岸運動を爆発させる警職法改正案などを国会に上程したのだろうか。

大阪大学教授で政界事情に詳しい坂元一哉氏は、次のように語った。

「新安保条約の中身は、アメリカが思い切って譲歩し、日本にとって条件が良くなりすぎている。新安保は国民に歓迎される。そして、アイゼンハワー大統領の来日を実現させ、内閣の人気を高めて総選挙を行なって三分の二の議席を獲る。そして、憲法を改正する。これが岸とアメリカの思惑だったと思います」

さらに、「憲法改正では反対運動が強まる。それを抑えるために警職法の改正が必要だと考えたのではないか」とも話した。だが、警職法改正案で、岸首相は「戦前の警察国家、軍事国家への引き戻しを探っている反動政治家」と国民から烙印を押され、だから安保改正案で辞任に追い込まれてしまったわけだ。

私たちは、安保改正案を誤解していた。しかし、岸首相は、憲法を改正して自衛隊を戦える軍隊にしようと謀り、しかも昭和の戦争への反省を全く無視している。戦争を知っている私としては、こういう政治姿勢を認めるわけにはいかない。また、吉田茂にしても、結局、米軍の占領政策の延長を是認している。しかも、自民党は徹底した対米従属で、事実上アメリカに支配されている。かといって、共産主義、社会主義を肯定するわけにはいかず、私は一九六〇年代後半から一九七〇年代はじめまで、展望なきアナーキストに陥っていた。

第3章　宮澤喜一と竹下登の軍隊観

宮澤喜一という人物

初めて宮澤喜一と会ったのは一九七一年の秋、宮澤が佐藤栄作内閣の通産大臣として日米繊維交渉に失敗したということで、大臣を外された後であった。

宮澤には、ニューライトの旗手、自民党ハト派の星、そして常に時代の先端を走る政治家というイメージが付きまとっていたが、こうした期待感は失われて、「限界が見えた」「時代から取り残された」と酷評に転じているときだった。

だが、私が宮澤に会ったのは、繊維交渉について聞くためではなかった。

宮澤喜一という人物に強い関心を抱いたのは、一九五三年、吉田茂内閣のとき、池田勇人大蔵大臣の秘書官として渡米したときのエピソードを知ったためであった。

当時、宮澤は三四歳で、大蔵官僚だった。池田蔵相は宮澤の才能と度胸のよさを買って秘書官にしたのだが、渡米の目的は、ようするにアメリカの要求を封じ込めることであった。

すでに記したように、朝鮮戦争が勃発すると、マッカーサーのGHQは、日本政府に警察予備隊として七万五〇〇〇人の組織を作れと命じ、さらに保安隊への改組を命じた。あきらかに再軍備である。

そしてさらに一九五三年、一一万名であった保安隊を三二万名に増強せよと強硬な要求をつきつけてきたのだ。

それまで日本政府はアメリカ側の要求に従ってきたのだが、軽武装を指向する吉田首相の要請もあって、どこまで値切れるか、それが池田・宮澤の渡米の目的であった。

実は、池田・宮澤のコンビは一九五〇年の四月、朝鮮戦争が勃発する二カ月前に初渡米をしているのだが、その時の目的は、講和条約をどのようなかたちで結ぶか、さらに日米安保条約のあり方についても話し合うためであった。当時日本国内では全面講和を唱える声も強かったのだが、池田・宮澤は、とにかく早期講和をアメリカに求めたのである。もちろん、全面講和にはこだわらなかった。

そしてこの時、秘書官としての宮澤の役割は、英語が堪能なので、池田蔵相の通訳を務めることであったが、通訳の役割を超えて、アメリカ側と直接論議することが少なくなかったようだ。そして池田蔵相はむしろそれを望んでいたようだ、と関係者たちは捉えていた。

一九五三年の渡米だが、アメリカ側の当事者はロバートソン国務次官補であった。

このとき、日本側が保安隊の大幅増強は不可能だと主張した根拠は四つあった。

第一に、憲法上の制約。

第二に、占領軍によって行なわれた平和教育が徹底していること。「国民よ、再び銃をとるな」という気持ちが日本人によくゆきわたっている。

第三に、経済的な制約。

第四に、無理やりに増強を行なうと、思想的「不良」分子が潜入する危険性が強いこと。

宮澤は、後に、親しい人物に、「あのときぐらい憲法九条をありがたいと思ったことはない。憲法九条の存在が日本側の最大の武器だった」と語っている。

「あなたの国がつくった憲法が「戦力」を持つことを封じていて、あなたの国の占領政策によって、日本人は、おかげで「軍隊嫌い」な、平和愛好者になってしまったのですよ」

宮澤は、ロバートソンに、このような言い方までしたようだ。

ロバートソンが、池田・宮澤コンビのねばりにあきれて、「それなら、米軍は日本から全軍撤退するぞ」と脅したのに対して、宮澤は、いささかも怯まずに、「どうぞ撤退していただきたい」と開き直ったそうである。

池田・宮澤のコンビは、ねばりにねばって、保安隊の増強を一八万名にまで値切った。

「宮澤の英語は歯切れがよくって、イエス、ノーをはっきりというんだな。それに、何よりも、あの小さな身体に似あわない、クソ度胸がある」

これは、宮澤と親しかった桑田弘一郎氏（朝日新聞編集局次長・当時）の言である。アメリカが日本に駐留しているのは、実は日本のためだけではなく、アメリカ自身の極東戦略にとって欠かせないのだということを、宮澤は百も承知していたのだという。

自分の身体に合わせた服

私が宮澤に会いたいと思ったのは、日米関係の最前線の現場をくり返し体感している宮澤に、ぜひ問いたいことがあったからだ。

一九五四年に自衛隊が創設された。自衛隊はあきらかに軍隊であり、九条二項で「戦力」を持たない、「交戦権は、これを認めない」と唱えている憲法とは矛盾する。自衛隊は憲法違反である。

そのことは誰から見ても明白であるからこそ、一九五五年に自民党が誕生し、初代の首相である鳩山一郎は「自主憲法」を作るべきだと主張し、これが自民党の党是となった。自衛隊を名実ともに軍隊として認める憲法をつくって、日本の自立を願ったのである。岸信介首相も憲法を改正し、日本国が自立することを強く訴えた。

だが、つづく池田勇人、そして佐藤栄作の両首相とも、憲法改正を全く考えていないようだ。憲法違反であることをごまかしているのか。なぜ、池田首相以後、姿勢を豹変させたのか。それを宮澤には聞きたかった。

宮澤とは、千代田区一番町の宮澤事務所で会った。小柄だがやわらかい表情で、通産大臣を辞したことでのやつれのようなものは全くなかった。あらためてニューライトの旗手だと感じた。

宮澤は、私の問いに対して、いささかのためらいもなく、やわらかな口調で話しはじめた。

「私はね、日本人というのは、どうも自分の身体に合わせて洋服をつくるのは上手ではない。下手だと思うのですよ」

そして、笑顔で私の反応を窺った。

「それに対して、日本人は、どうも押しつけられた洋服に身体を合わせるのは上手なようです」

正直言って、私は宮澤の言っていることがさっぱり理解できなかった。

「日本人が、自分の身体に合わせて洋服をつくるのが下手、というのは、どういうことなのですか」

「それは、たとえば昭和の戦争です。満州事変は、南満州鉄道の爆破を日本軍が行なったことから始まります。日本の関東軍が爆破し、それを中国側の軍隊がやったことにして、それに対処するとして始まったのです。その謀略の中心人物である石原莞爾中佐は、イギリスやフランスなど、国際連盟を立ち上げたヨーロッパの国々は多くの植民地を持ちながら、ワシントン会議などで日本が植民地を持つことを封じたことに強い不満を抱き、アジアの盟主たらんとして、日本が支配する満州国という国をつくろうとしたのです。しかし世界の国々に受け入れられなかった。結局、国際連盟を脱退せざるを得なくなりました。

日中戦争については、近衛首相はできるだけ早く終わらせるために和平工作も行なっていたのですが、軍部の策略で、蔣介石にのめるはずのない高飛車な条件を突きつけることとなって、果てしない戦争になってしまいました。

そして、日本が中国で侵略戦争を続けていることにアメリカが強い危機感を抱き、力で日本を抑え込もうとしました。それに対して日本側は、誰一人アメリカと戦って勝てると思っていた人間はいないのに、時間が経ったら戦えない、戦うならば今だ、と軍部が主張して、勝ち目のない戦争に突入してしまったのです」

この宮澤の解説は理解できた。

イギリス・フランスなどヨーロッパの国々は、世界に多くの植民地を持ちながら、日本を持たざる国として封じ込めようとした。そこでアジアの盟主たらんとして、日本が支配する満州という国をつくろうとした。ただし、満州事変をはじめるにあたって、日本政府は国際連盟のリーダーであるイギリスとフランスに話をつけていたのである。

そこで、一九三二年に国際連盟から派遣されて、満州の実態を調査するために、リットン調査団がやってきたのだが、リットン調査団は、満州について形のうえでは中国の主権を認めて「国際連盟の管理下におく」としながら、実質的には日本人の居住権や行政、商業などにおける日本の権益を認めたのであった。

ところが、国際連盟でこの報告書の採択をめぐって会議している最中に、なんと関東軍が、内蒙古の熱河に武力で攻めこんだのだ。そのために、国際連盟は「満州国を承認しない」ということになり、一九三三年三月、日本は国際連盟を脱退するという流れに突き進んでいったのである。

一九三七年七月にはじまった日中戦争でも、ときの首相近衛文麿は「昭和研究会」という勉強会を持ち、そのメンバーは日中戦争には反対だった。だが、首相となった近衛は、日中戦争に反対とは言えず、できるだけ早く戦争を終わらせる、という方針をとった。

そこで、ドイツのアドルフ・ヒトラーに頼み、中国駐在のドイツ大使トラウトマンを仲介役として、広田弘毅外相と蔣介石との交渉がはじまった。だがこの時も、交渉がまとまりかけた時に、日本軍が中国の首都である南京を陥落させたために軍部が強気になって、「満州国を正式に承認せよ」とか、「中国側が賠償金を支払え」などと、蔣介石がのめるはずがない要求を突きつけ、また近衛首相は、軍の要求を拒めば、殺されるのではないか、と、二・二六事件の恐怖があって、「国民政府を対手とせず」などと言ってしまった。歴史学者たちは、これを「昭和政治史最大の愚行のひとつ」と評している。

こうして戦争は果てしなく拡がることになってしまった。

そして中国での侵略戦争を続ける日本に対して、アメリカのルーズベルト大統領は、このままでは、日本は第二のドイツになる、と強い危機感を抱いた。当時、ヒトラーのドイツがヨーロッパ中をかき回していたからである。

そこで、アメリカは日本を力で抑え込もうとした。それに対して、日本の政府でも軍部でも、多少なりとも合理的な思考のできる人間ならば、アメリカと戦って勝てると思っていた人間は一人もいなかった。

昭和天皇も、そんな思いが強かった。そこで、陸軍の参謀総長の杉山元《はじめ》と、海軍の軍令部総長である永野修身を呼び、こんな戦争をやってよいのか、と問うた。

すると永野が「今回日米の関係は病気にたとえれば、手術をするかしないかの瀬戸際にきています。手術をしないでいると日本は衰弱してしまいます。そして、手術をするのならば早いほうがよい。統帥部としては手術をすべきだと存じます」と答えた。

いまなら戦えるから、戦うべきだ、というわけだ。

こうして、宮澤が言った通り、勝つ見込みのない戦争に突入してしまったのである。

つまり、日本は、自分の身体に合わせて洋服をつくるのに失敗したことになる。

それでは、押しつけられた洋服に身体を合わせるのが上手、というのはどういうことなのか。宮澤に問うた。

「日本国憲法の草案はGHQがつくり、日本政府は否も応もなくのまされたのです。つまり憲法は米国から押しつけられたわけです。この憲法を米国が押しつけてきた何よりの目的は、日本に軍隊をつくらせないことでした。冷戦がはじまって米国の思惑は多少変わったのですが、日本としては、軍隊を持てない憲法を押しつけた米国が日本の安全保障に責任を持つのは当然だと主張しつつ、さらに憲法を逆手にとって、米国の戦争に巻き込まれることも回避でき、平和を持続できた。つまり、押しつけられた洋服に上手に身体を合わせたわけです」

一九六五年にアメリカは、ベトナム戦争をはじめた。そして、日本に、自衛隊をベトナムに派遣せよ。そして、一緒に戦おう、と言ってきた。日本としてはアメリカの要求を拒否はできない。佐藤首相は困惑した。そのとき、宮澤が佐藤首相に、アメリカが難しい憲法を押しつけたから、ベトナムには行けない、と、説明するように言い、佐藤首相はそのように対応して、アメリカの戦争に巻き込まれるのを避けられた。

宮澤は得意そうな口調で語った。まさにニューライトの旗手、自民党ハト派の星そのものであった。

「安全保障は米国に任せ、防衛のための予算もエネルギーも控えめにし、経済復興に全力を注いで、日本は奇跡と称される高度成長をなしとげたわけです」

安全保障を米国に押しつけて、経済復興、そして成長に全力を注ぐ。こうした方針を定めたために、池田勇人首相以降、歴代首相は憲法改正を唱えなかったということなのであろう。

宮澤のこうした説明は、私には心底から合点できた。

第1章で記した国民学校五年生の敗戦体験、そして高校生の時に体験した、再度の大人たちやマスメディアの極端な価値観転換に対する極度の不満と怒りという我が原点とも矛盾せず、容易に納得できたのである。

昭和の戦争は、日本人が自分の身体に合った服をつくろうとして失敗したのである。そして戦後、鳩山一郎や岸信介は、いわば再び日本人の身体に合った服をつくろうとしたのだといえる。そのために憲法を改正して、自衛隊を戦える軍隊にし、いわば日本の自立を図ろうとしたわけだ。

それに対して、宮澤は、率直にいえば、日本が「自立」を図るのは危ない、と考えていたのではないか。

敗戦による極端な価値観の転換、それを自らの総括もなくやってしまう「偉い大人たち」やマスメディアが日本の自立を図るのは、私も危険だと捉え、いま、こういうことを言うと強い反発を招くだろうが、米国が日本の自立を抑え込んでいることに、はっきりいえば、安心感を覚えていたのである。

宮澤が、安全保障を米国に押しつけて、経済復興に全力を注いだと語ったのは、私と同じ思いを抱いていたのではないか。

そして、池田勇人以後の歴代首相も、おそらく同じ思いで首相を務めていたのであろう。

竹下登の安全保障観

一九八八年二月、中曽根康弘首相の後を受けた竹下登首相に会い、安全保障について問うた。

竹下は、偉ぶることが全くなく、非常に謙虚な政治家であった。

「中曽根さんは大志があり、気宇壮大な政治家ですが、僕は、現実の変化に自分の身体を合わせるという生き方が身についていて、理念も哲学もない男です」

竹下は、口ぐせのようにこう語った。

竹下の説明では、中曽根は戦争が華々しかった時代に軍隊に入った。ところが自分が軍隊に入ったのは一九四四年、つまり敗戦の前年で、一九四五年の四月に立川の少年飛行兵学校へ配属になり、三カ月後に滋賀県の大津の少年飛行学校の教官となったのだが、すでに飛行機とガソリンがないために、一度も戦闘機に乗ったことがなく、やったのは防空壕掘りばかりだったという。

いつ負けるかという戦局で、もはや戦略の持ちようもなく、大志など抱ける状況ではなかったというわけだ。

そして、大津から実家のある島根に帰る間、いたるところで焼け跡ばかりを見続けて、とにかくこれらの都市を復興させなければならないと思い、それ以上のビジョンは持てなかったのだ、と語った。

だが、偉ぶることがなく誠実なので、歴代の首相や自民党幹部たちに重宝がられた。そして佐藤首相のときには官房副長官に抜擢された。

佐藤首相はコワモテの反面、人情にこまかく気配りした。

野党である社会党の国会議員が選挙で落選すると、佐藤首相が「持っていってやれ」と竹下に現金を用意するように命じた。官房機密費である。竹下が落選した社会党の政治家たちに金を持っていくと、誰もが有難がって受け取り、たとえ雨が降る日でも道路に出て、竹下の車が見えなくなるまで見送っていたという。

竹下は、田中角栄内閣の官房長官の時には、社会党の国会議員たちが、海外に行く時などに官邸まで来て資金を求めることが少なからずあったと話した。

もちろん竹下は自民党の、特に若い議員たちの面倒をよくみた。党内外の調整役を務めていたのである。

「汗は自分でかきましょう。手柄は人にあげましょう」

というのが竹下の持論であった。

戦えない軍隊でいいのか

その竹下が首相になったときに、私は竹下に率直に問うた。

「日本には自衛隊という組織があります。しかし、自衛隊法を読むと、イギリスやフランスの軍隊は、いわゆるネガティブ・ルールで、やってはいけないとされている以外のことは何でもできるのですが、自衛隊法はポジティブ・ルールで、許可されている以外のことは一切できません。これでは実際には戦えない。こんな戦えない軍隊でよいのですか」

このように問うて、私は竹下首相の顔をまっすぐに見た。もちろん一対一で、他にひとはいなかった。

竹下首相は、笑顔のまま、いつもどおりの穏やかな口調で答えた。

「だからよいのです。だから日本は平和なのですよ」

私は、すぐには理解できなかった。「戦えないからよい。だから日本が平和」というのはどういうことなのか。

そのことを私が問うと、竹下首相は、

「軍隊というのは、戦えれば戦ってしまうのですよ」

と、やはり穏やかな口調で話した。

そして、竹下首相は、太平洋戦争に日本が突入した動機について語った。

宮澤も述べていたことだが、日本の政界にも軍部にも、アメリカと戦って勝てると思っていた人間は一人もいなかった。だから昭和天皇が、陸軍と海軍の最高責任者を呼んでそのことを問うと、海軍の軍令部総長の永野が、時間が経てば石油などの資源がなくなるので戦えなくなる。いまなら戦える。だから早く戦うべきだというのが統帥部の考え方だと述べ、勝てる見込みのない戦争に突入した。

竹下首相は、そのことをよく知っていた。

軍隊というものは勝つ見込みがなくても、戦えれば戦ってしまうものだ。だから、自衛隊は戦えないから日本は平和なのだ、というわけだ。

私も、敗戦を知っているので、竹下首相の話は躊躇なく合点できた。宮澤が説いた「押しつけられた服に身体を合わせる」という姿勢を、竹下も崩していないわけだ。そして竹下首相も、米国が日本の自立を抑え込んでいることにあまり抵抗感を抱いていなかったのではないか。

憲法と自衛隊の緊張関係

『宰相吉田茂』(中央公論社)で脚光を浴び、私の吉田茂観を大きく変えさせた国際政治学者、高坂正堯氏についても記したい。

私は、高坂氏が一九九六年に六二歳で亡くなるまで高坂氏を尊敬し慕っていた。高坂氏は、憲法と自衛隊の存在が大矛盾していることは百も承知していた。だが、冷戦が終わり、湾岸戦争が始まるまで、憲法改正を主張しなかった。

高坂氏も、自衛隊が戦う軍隊になるのは反対だったのである。

高坂氏は、私に、よく「あの憲法には、しびれたよね」と話した。

もちろん憲法がGHQの押しつけであることはよくわかっていた。だが、主権在民を唱えたこと、基本的人権を明記し、言論、表現、思想、宗教、結社の自由などを打ち上げ、男女同権を示したことなどを、高坂氏は全面的に高く評価したのである。

この点では、私も全く同じ思いであった。

さらに、私は、九条一項で国権の発動としての戦争を放棄し、二項で戦力を保持せず、交戦権を認めない、と明記したことにも賛成であった。敗戦体験世代として、再び戦争はしてはならないと思いつめていたからである。

高坂氏は、私に、何度も、「憲法と自衛隊の存在は、矛盾している」と語った。

「だが、憲法と自衛隊が相矛盾しながら、両方が妥協せずに張り合っている。僕は、憲法が自衛隊に妥協せず、自衛隊も憲法に妥協しない。この関係でよいと思う。これでは戦争ができないからね」

高坂氏は私と同じ年の生まれで、敗戦を体験していて、だから戦争には反対だったのである。

高坂氏は、佐藤首相や中曽根首相のブレーンを務めていた。そして佐藤首相も中曽根首相も、憲法改正は打ち出さなかった。宮澤理論の延長線上にいたのである。

ただし、高坂氏は、冷戦が終わり湾岸戦争が始まって、憲法改正論に転じた。

冷戦が終わったことで、多くの日本人の意識も大きく変わったが、そのことについてはあらためて記すことにする。

第4章　特異の政治家　田中角栄

面白い政治家・田中角栄

田中角栄は、敗戦という大混乱がなければ政治家にはならなかった人物である。

一九一八年五月四日に新潟県刈羽《かりわ》郡二田《ふただ》村(現・柏崎市)で生まれた。父親は、田中の表現によれば「馬喰《ばくろう》」であった。失敗も多く、生活は楽ではなかった。

田中は高等小学校を卒業して上京し、奉公のような勤めを重ねて、若くして東京・飯田橋で「田中土建工業」を興した。おそらく将来はゼネコンに成長させようと考えていたのであろう。

その田中は、敗戦の年、一九四五年の一一月に、会社の顧問になってもらっていた大麻唯男《おおあさただお》という政治家に頼まれて三〇〇万円の政治資金を出した。現在の価値だと億円台である。

大麻唯男は、戦前、軍部の政治介入を批判していた民政党の幹事長を務めた後、東条英機内閣の国務大臣へと寝返った人物だが、戦後、鳩山一郎を中心に結成された自由党に対抗して日本進歩党という党をつくっていた。

ところが、一九四六年一月四日に、大麻は鳩山たちとともに公職を追放され、四月に行なわれることになっている、戦後初の総選挙に、田中角栄に出馬するように強く勧めたのだ。頭が切れてエネルギッシュで、資金も豊富である、と見たからである。田中は一度は断ったが、結局、出馬することになった。後の田中の言によると「馬喰心に駆られた」ということのようだ。

一九八〇年一二月、私は月刊『文藝春秋』の依頼で、田中角栄にインタビューをすることになった(翌八一年二月号掲載)。田中はその五年前に立花隆が『文藝春秋』に書いた金権究明レポートなどで失脚してから、メディアにはまったく顔を出していなかった。それでも政界では強い影響力を持っていて、「闇将軍」などといわれていた。

六年ぶりの田中のインタビュアーとして私が選ばれた事情は後に記すが、ともかくそれは目白にある田中の自宅兼事務局で行なわれた。

インタビューの約束は午後一時からだったが、三〇分待っても、一時間待っても、田中は姿を現わさなかった。しびれをきらして秘書である早坂茂三に聞いてみると、「実は」と早坂が話した。

「昨日の昼、角さんから「田原についての資料を一貫目集めてくれ」といわれましてね」

一貫目とは、今の単位でいえば三・七五キログラムである。田中は、それを今朝から読んでいるというのである。

インタビューする側が相手の資料を取材で読むのはわかるが、される側が相手のことをそれだけ調べるというのは聞いたことがない。私は、あらためて、田中角栄という人物は面白いと強く感じた。

田中角栄は高等小学校を卒業して、上京するまで、工事現場でトロッコ押しの仕事をしていた。田中は、政治家になってから、「土方というのは一番でかい芸術家だ。パナマ運河で太平洋と大西洋をつないだり、スエズ運河で地中海とインド洋を結んだのもみな土方だ。土方は世界の彫刻家だ」という言葉が好きで、よく使っていた。

もう一つ、田中が大事にしていたのは、故郷の小学校の校長であった草間道之輔に教えられた「人間の脳とは数多いモーターの集まりである」という言葉だ。今ならコンピューターというところだろう。

「普通に生きていくのなら、そのモーターの中の一〇個か一五個を回しておけばいいだろう。しかしこの脳中のモーターは努力しさえすれば何百個でも何千個でも回せる。それには勉強することであり、数多く暗記することだ。人間一人一人の脳の中には、世界的学者である野口英世になれる力があることを忘れてはいけない」

ようするに、人間の潜在能力には限りがなく、努力をすれば不可能なことはないということだ。現在では、こうした言葉は受けないだろうが、田中は草間の教えを律儀に実行したわけである。

『広辞苑』、英和辞書、漢和辞典、六法全書、そして江戸小唄のようなものまで、田中にとっては頭のなかのモーターを動かす動機となった。それも、一ページずつ破ってはポケットに入れて暗記し、暗記したらまた次のページを破るというやり方で、片っ端から頭の中に叩き込んでいった。なかでも、六法全書に詳しかった。田中は子どものときに吃音があって、それを克服するために、毎朝、野原に出て大きな声で読んでいたからだ。

一年生議員のとき、いつも小脇に六法全書を抱えた田中の姿が目について、吉田茂がある法律について質問したそうだ。吉田は東京帝国大学法学部を出たエリートで、小学校しか出ていない田中をからかってみたのであろう。

ところが、田中は動揺もせずにさっと答え、次なる質問にも正確に答えた。そこで吉田は感心して、一年生議員の田中を法務政務次官にしたのである。

田中に勧められて、警察官僚から政治家になった後藤田正晴は私に、「田中さんの知っている英単語の数には、僕らはとてもかなわなかった」と語ったことがある。

田中の政治ビジョン——都市政策大綱

私が、田中角栄という政治家に、あらためて注目したのは、田中が一九六八年五月に世に出した「都市政策大綱」という論文を読んだためであった。

一九六七年四月に行なわれた東京都知事選挙で、社共両党が推薦する美濃部亮吉が当選し、史上初の革新都知事が誕生した。自民党は、あえて独立候補をたてず民社党の推す松下正寿(元立教大学総長)に合流したにもかかわらずの敗北だった。

京都府では、一九五〇年から社共両党が推す蜷川虎三が連続当選していたし、沖縄でも革新の推す屋良《やら》朝苗《ちょうびょう》が返還前の琉球政府行政主席に、そして一九七一年には大阪でも社共推薦の黒田了一が知事に当選した。

こうして、当時の人口の四〇パーセント以上が、革新自治体の下で生活するという状況になったのだ。

田中は強い危機感を抱いた。

そこで、六七年『中央公論』六月号に、田中角栄自身が「自民党の反省」という危機意識に満ちた論文を発表し次のように書いている。

「人口や産業・文化が東京・大阪など太平洋側の大都市に過度に集中した結果、地価は暴騰し、住宅は不足し、交通難は日増しに激しくなり、しかも各種の公害が市民生活をむしばみ、破壊していることは明らかである。

事態がこのまま推移すれば、国民生活、国民経済自体が根底から揺さぶられることになるのは早晩、避けられない。東京・大阪はもちろん、膨張する太平洋沿岸ベルト地帯に対して、自民党がもし有効に対処できなければ、都知事選にみられた都民の欲求不満の爆発は、やがてベルト地帯住民の間にも連鎖反応をもたらすことになるだろう」

この論文の中で、田中は自民党の脅威として「エンプロイの激増」をくり返し指摘している。エンプロイとはサラリーパーソンのことだ。第二次（製造業、建設業）と、第三次（金融、小売、サービス業）の企業に勤務するサラリーパーソンや、公務員の人口は、一九六五年には全就業人口の七四パーセントに達していた。そのほとんどが当時は労働組合に属していて、社会党・共産党に投票していた。

これまで自民党に一票を投じていた農業人口がどんどん減っていき、商工サービス業などに従事するサラリーパーソンとなって地方から大都市に流入している。一方、都市部でも、これまで自民党が頼みにしていた商店などの自営業者の割合が減り、サラリーパーソンが激増の一途をたどっていた。そのサラリーパーソンこそ脅威であり、彼らの持つ生活への不満が、革新知事や市長を生む原動力だと田中は見ていた。

この激しい流れを変えるためには構造改革が必要だと、田中は力説していく。「構造改革」のビジョンとシナリオを示したのが、「都市政策大綱」なのである。

「都市の主人は工業や機械ではなく、人間そのものである」

とうたっている。ここでいう都市とは、東京や大阪など既存の都市を示しているのではない。「この都市政策は日本列島全体を改造した、高能率で均衡のとれた、ひとつの広域都市圏に発展させる」と述べたうえで、「新しい日本の創造はここに始まる」と高らかな調子で結んでいる。

これが田中の基本思想なのだ。

たとえば、日本列島を一つの広域都市圏にするには、北海道から九州まで（当時は沖縄は返還されていない)、どこからどこへでも日帰りで往復できることが必要だ。

そこで田中は、「一日生活圏、一日経済圏、一日交通圏」という言葉を提唱した。この三つの条件が達成されれば、第二次、第三次産業を全国に配置することができる。過疎地に悩む、日本海側や内陸部の地域にも産業を配置することができて、過密、過疎の問題が解決すると考えたのである。

そのために、まず北海道から九州まで新幹線を通し、全国に高速道路網をはりめぐらせ、第二、第三の国際空港と各地に地方空港を誘致し、四つの島をトンネルか橋で結ぶという方針を打ち出した。交通さえ便利になれば第二次、第三次産業が地方に配置されるというのは、あくまで高度経済成長を前提にした発想だが、当時は人口減少など考えられておらず、田中の見通しが甘かったとはいえない。

この論文で注目すべきは、「土地の私権は公共の福祉のために道を譲る」とうたっていることだ。つまり、戦後日本でタブーとされてきた「私権の制限」に触れたのだ。それまで、大都市で道路や公園の建設を計画しても、私権の壁に阻まれたり膨大な補償費を要求されたりして、計画が事実上不可能となるケースが非常に多かったのである。

「大綱」が発表された翌日、自民党に常に批判的な朝日新聞ですら、社説に次のように書いている。

「この大綱は高く評価されてよいだろう。公益優先の基本理念を明確にしたことなど、これまでの自民党のイメージをくつがえすほど、率直、大胆な内容を持っている。政府・与党が勇気をもって実現に努めることを期待する」

私は、この論文で、田中角栄の想像力に引き込まれたのだ。それまでの政治家には感じられなかった特異点であった。

角栄の政治家としての特異な能力

特異点といえば、田中は国会議員として、何と四六本の議員立法を提案し、三三本を成立させている。これは前代未聞の業績で、どの政治家も遠く及ばない。インタビューの最初に、田中になぜこんな、誰も及びもつかないことができるのか、と問うた。

「それは、僕が、法律の知識だけではなく、この国の法律がつくられ、つくり変えられた背後のドラマ、屈辱、熾烈《しれつ》な戦いを知っているからです」

田中は一語一語、力を込めて語った。

「それはどういうことですか」

「いまの日本の法律は、非常に特異です」

田中の解説では、占領軍がやって来てまずやったことは、日本を弱体化することで、軍事的にも経済的にも、そして警察力を含めて法律を根本的に変えさせたことだ。

田中は敗戦後第一回の選挙で当選しているので、その全てを知っている。ひどいことをやる、と怒りを感じながら受け入れざるを得なかったのだ。ところが、東西冷戦が厳しくなると、今度は日本を強化するために方向性が大きく変わった。田中は、その紆余曲折を全て知っているので、どうすれば新たな立法が可能になるのか熟知していたというのである。

そして田中は、自分がかかわった議員立法について、歌を歌うようにそらんじてみせた。

それにしても、高等小学校しか出ていない田中が、なぜ自民党内でどんどん出世できたのか。そこで見逃せないのは、田中の「金を作る力」である。田中は自力で井戸を掘ることができた。「井戸を掘る」とは、金を工面する方法を持っているということである。

自民党の総裁選などは常に多額の金が動く。池田勇人や佐藤栄作の選挙資金は、すべて田中がつくっていたと言われる。その働きがあって、田中は池田にも佐藤にも気に入られていった。池田内閣では大蔵大臣に就任し、佐藤内閣では幹事長になっているのである。

後に、私は田中に対し、「あなたは金権政治だといわれている。あるいは、汚れたハト派という人もいる」とぶっつけたことがある。すると田中は、こんな答え方をした。

「(角福戦争と言われ、一九七二年の総裁選を争った)福田赳夫は、東京帝国大学法学部卒業で大蔵省の局長にまでなっているので、政財官界に、福田が関わる団体が三六もある。そしてどの団体からも金が集まってくる。しかし、僕が関係している会は二つしかない。一つは新潟県人会で、もう一つが二田小学校の同窓会だが、どちらも全く金に縁がない。だから、井戸を自分が掘らなければならないのだ」

つまり、自分自身で金をつくるしかないということで、金権政治になるしかない、と自認していたわけだ。

福田派の実力者でいろいろ波乱を起こした亀井静香が、田中角栄と福田赳夫との違いを次のように説明した。

「田中派は、率直にいえば軍隊だ。田中派の議員に対しては、田中さんが全員に政治資金を与えてくれるし、選挙に対しても、田中さんや直参議員たちが指導し、面倒をみてくれる。そして、当選回数を重ねれば順当に党の役員にも、大臣にもなれる。そのかわり、田中さんに忠実で、田中さんのいうことには全て従い、何とか田中さんの役にたとうと競う。

それに対して、福田さんは、政治資金もくれないし、選挙運動も自分自身でやらなければならない。そして、順当に党の役員になれるわけでもなく、大臣になれるわけでもない。自分が頑張らなければならない。田中派が軍隊であるのに対して、福田派は、いわばサロンだ。だから力をつけると派から離脱する政治家が少なくない」

亀井自身、後に石原慎太郎を伴って福田派を離脱している。

面倒をみるといえば、田中は官僚たちの面倒をよくみた。

たとえば、全省庁の課長以上の官僚の名前だけでなく、誕生日、入省年次、結婚記念日までも記憶して、必ずそれなりのプレゼントをした。子どもが生まれるとお祝いをした。当然、現金ということもあったであろう。

後に、後継者になった竹下登にも、「お前も党人派なのだから、官僚たちの誕生日や結婚記念日などを全部覚えよ」と言っていたそうだ。党人派とは、官僚出身でなく、政治家秘書や地方議員出身者など、党内でキャリアを築いた叩き上げの政治家を指している。竹下登も、地方議員出身である。

「角さんは記憶力がすごくて、全省庁の課長以上の官僚たちの名前から誕生日から、全て覚えていたのですが、僕にはそんな記憶力はとてもない。そこで「竹下の巻紙」といわれている、長い長い巻紙に全てを書いたのですよ」

竹下は、それを照れもせずに言った。

なぜ田中への期待は急速に失われたのか

田中政権の業績として、一般的に取り上げられるのは日中国交正常化であろう。確かに、それによって田中は日本史に名を刻んだ。だが、政治家としての田中の本質を良くも悪くもはっきりと示しているのは、『日本列島改造論』(日刊工業新聞社)である。

『日本列島改造論』は、一九七二年、田中の前首相である佐藤栄作が退陣表明をした三日後に発売された。自民党総裁選挙を翌月に控え、当然、狙いに狙ったタイミングではあるが、内容は選挙のための打ち上げ花火などではなかった。

この構想のもとになったのは、「都市政策大綱」である。

一九七二年九月に、田中は中国を訪問して毛沢東や周恩来と会談し、日中国交正常化を実現した。すでに記したように、田中は、田中派だけでなく自民党の他派の政治家の面倒も見ており、全省庁の課長以上の官僚の面倒も見ていた。だから、田中内閣は、安定した長期政権になると見られていたのだが、二年五カ月で崩壊し、田中は失脚したのである。

その要因の一つが『日本列島改造論』であった。

なぜなのか。「都市政策大綱」と『日本列島改造論』には三つの大きな違いがあった。

まず、「大綱」で冒頭にうたっていた「都市の主人は、人間そのものである」という言葉が消えた。

次に「私権を制限し公共の福祉が優先する」という画期的な要素も消えた。

そして、第三に、「大綱」では「大都市に過度に集中している企業、工場を全国に分散、配置する」と抽象的にしか描かれなかった構想が、『日本列島改造論』では、重点開発地域の名前を明らかにして具体的な設計図を描いたのだ。

さらに、人口二五万人規模の地方中核都市を全国に一〇〇カ所つくるとして、その候補地を公表した。これが「箇所づけ」である。

「都市政策大綱」づくりに深くかかわった秘書の早坂茂三や麓《ふもと》邦明などは、特に「箇所づけ」には強く反対した。

「「箇所づけ」は危険きわまりない、そんなことをしたらえらいことになる。政府が補助して開発する地域の名前が事前にわかったら、間違いなく、その地域の地価が暴騰してインフレになる」早坂や麓はこう主張して田中と喧嘩状態になった。当時、経済企画庁の官僚で田中のブレーンだった下河辺《しもこうべ》淳も反対したようだが、田中は「小難しい理屈ではなく、臨床医の処方箋が必要だ。「大綱」では国民はついて来ない」といって受け付けなかったようだ。そのことがきっかけで、麓は秘書を辞めている。

『日本列島改造論』は大きな話題となり、瞬く間に九〇万部に迫る驚異的ベストセラーとなった。だが、このとき、実は日本経済はインフレぎみで、麓たちが危惧したとおり、「改造論」で箇所づけされた地域の地価は二倍以上にも上昇した。「改造論」がインフレを加速させてしまったのである。

どの新聞も、地価・物価高騰に対する悲鳴と、全国各地で起きている土地買占めのすさまじさを書き立てた。そこで、田中の列島改造論に対する国民の期待は、急速に反発に変わっていった。

こうした中で、一九七二年一二月一〇日に総選挙が行われた。田中角栄という「選挙の名人」が総指揮を執ったにもかかわらず、自民党は解散時の二九七を大きく割り込み、二七一議席しか獲得できなかった。保守系無所属を入れても二八五にしかならず、明らかな敗北であった。

ブームというのは、上がるのも急速だが、冷めるのも早い。一九七三年五月一日付の朝日新聞が発表した世論調査では、発足時は六二パーセントだった田中内閣の支持率が二七パーセントに失墜した。不支持率は四四パーセントで、支持率を大きく上回り、不支持の理由として最も多かったのは、「物価高で生活が不安になった」であった。

失脚にアメリカの影

そこへ、第四次中東戦争が勃発した。

一九七三年一〇月六日、シナイ半島奪回を目指したエジプト、シリア軍がイスラエル軍を先制攻撃し、イスラエル軍は一旦後退したものの、一五日には反撃に転じて、スエズ運河を渡ってエジプトに侵入した。するとアラブ諸国は石油戦略を発動し、ＯＰＥＣ（石油輸出国機構）加盟ペルシア湾岸六カ国は原油価格の値上げを通告、さらにＯＡＰＥＣ（アラブ石油輸出国機構）一〇カ国は、アメリカ、日本などイスラエル支持国に、石油供給量を制限すると通告してきた。そこで、日本はオイルショックに陥った。

当時、日本のエネルギー源の七〇パーセントは石油であり、その八〇パーセントを中東に依存していた。そしてほとんどをアメリカのオイルメジャーに頼っていた。

原油価格は、一挙に四倍以上に跳ね上がり、地価高騰、インフレが進む中で、オイルショックはダブルパンチとなり、不況下の物価高という悪性インフレに陥っていた。

こうした中で、田中は日本の資源政策を大きく転換し、オイルメジャーに頼らず、資源の調達先を多様化するということを目的に、ヨーロッパ諸国やソ連をまわり、積極的な資源外交を行なったのである。

海外の通信社は、「田中政権のアメリカ離れは危険な暴走だ」というニュースをくり返し流していた。これはもちろん、アメリカ政府からの警告であり、明らかに田中の資源自立政策を嫌っていたのだ。

一九七四年二月一四日、中国訪問を終えたキッシンジャー米国務長官が、日本に立ち寄った。そしてわざわざ、「中東和平工作は必ず成功させる。だから日本も外交方針を絶対に転換しないでほしい」と田中に伝えている。さらにキッシンジャーは、「日本の姿勢がふらつけば、日米関係に重大な影響を与える」と、脅しまで加えた。

ところが、田中はキッシンジャーの警告に従わなかった。「資源のない国が生きていくのに、ほかにどんな方法があるのだ」と聞き流したのだ。

当時、私は石油や原子力など世界のエネルギー事情について専門家たちの取材を行なっていたのだが、ロッキード事件が発覚して田中角栄が標的になっていることがわかると、彼らは「田中はオイルメジャーにやられた」「アメリカに狙い撃ちにされた」などと語った。

一九七四年七月七日、悪性インフレで日本全体がパニック状態の中で、参議院選挙が行われ、自民党は、改選議席数の七〇を八議席も下回ってしまった。惨敗である。七月九日、朝日新聞は社説で「国民が田中を見限った」と言い切った。

田中にとって致命傷となったのは、金権選挙を支えるための資金作りの実態が、一九七四年一一月号の『文藝春秋』誌で暴かれたことである。立花隆の「田中角栄研究――その金脈と人脈」と児玉隆也の「淋しき越山会の女王」がそれだ。

田中は一一月二六日に辞任を表明し、副総裁の椎名悦三郎は、後継に三木武夫を推挙した。田中の気持ちを慮って福田赳夫にはしなかったのであろう。

ところが、一九七六年二月に、ワシントンでロッキード事件が火を噴いた。そして、七月に田中角栄は逮捕されるのだが、その後に、私は『中央公論』に、「アメリカの虎の尾を踏んだ田中角栄」という論文を書いたのだ。田中の周辺や元警察官などを取材して、この事件には隠された疑惑がいくつもあることを感じ取っていたからである。そして、この論文に田中が強い興味を示し、だから、一九八一年の『文藝春秋』のインタビュアーに私を選んだのであろう。

ところで、ロッキード事件について、その後も、事件の捜査や裁判に関わった検事や弁護士たちに、無理を承知で徹底的に取材したのだが、すると思いもよらない新事実や、定説をくつがえす証言が次々に出てきた。

特に、事件の捜査を担当した東京地検特捜部検事の一人が、「丸紅の伊藤宏が、田中角栄の秘書官であった榎本敏夫にダンボール箱に入った金を渡したという四回の日付と場所については、どうもつじつまが合わない」と、田中角栄の裁判判決を引っくり返す驚くべき話をした。

「被疑者の一人が嘘をしゃべり、担当検事がそれに乗ってしまった。今まで誰にも言っていないが、そうとしか考えられない」

特捜部検事は、それを「被疑者の罠」と呼んだ。被疑者が担当検事の追及に迎合し、検事の興味をひきそうな話、あるいは思いつくままに物語を言ってしまったのだという。

もしも田中弁護団が戦術を変えて二審を戦うことができたら、そして四回の金銭受け渡しがあったとされる場所と日時の矛盾を突きつけたら、田中角栄が無罪となった可能性がきわめて高かった、と弁護団長が言った。

しかし、脳梗塞で倒れた田中は、一九九三年一二月に七五歳で死去した。

その田中が、私に、何度も、「戦争を知っている世代が政治家でいる間は、日本は戦争をしない」と強調した。その意味では、宮澤喜一や竹下登と同じ姿勢だったのである。

第5章　「風見鶏」　中曽根の政治哲学

一九八二年一一月二七日、中曽根康弘内閣が誕生した。

内閣は、世論とメディアの厳しい批判で迎えられた。

この日の朝日新聞は、三面の大部分を割いて、石川真澄、松下宗之、国正武重という政治部のエース三人が座談会を行なっているが、揃って「新閣僚の顔ぶれはいくらなんでもひどすぎる。「田中丸がかえ内閣」だ」と決めつけている。二階堂進幹事長のほか、後藤田正晴官房長官、竹下登大蔵大臣はじめ六人の閣僚を田中派が占め、無派閥ながらロッキード裁判を痛烈に批判していた秦野章が法務大臣として入閣していたからである。そして「過渡的つなぎで、首相使い捨てが普通になった」と嘆いている。

大平正芳のブレーンで、『実録　自民党戦国史――権力の研究』(朝日ソノラマ)を書いた、伊藤昌哉に聞くと、「鈴木内閣同様の暫定政権」であり、「オーナーは田中角栄、中曽根は雇われマダム」と言い捨てた。

しかし、「つなぎ」のはずの中曽根内閣は五年間も続き、安倍晋三の八年四カ月（二〇二〇年三月現在）、佐藤栄作の七年八カ月、吉田茂の通算七年二カ月、小泉純一郎の五年五カ月に次ぐ戦後五番目の長期政権となった。さらに言えば、佐藤栄作以降の自民党総裁では、三選された最初の人物である。

中曽根康弘は一九一八年五月二七日、群馬県高崎市で材木商を営む父親の次男として生まれた。田中角栄が生まれた二三日後である。東京帝大を卒業後、内務省に入るが、直ちに海軍経理学校短期現役補修学生となり、主計将校として敗戦を迎えた。田中とは対照的なエリートコースを歩んできたが、内務省を退職して一九四七年四月に衆議院議員に初当選した中曽根は、田中と同期生となった。

議員になってからは、田中が三九歳で郵政大臣、四四歳で大蔵大臣と、出世街道を突っ走ったのに対して、中曽根は四一歳で科技庁長官、四九歳で運輸大臣と、陽の当たらない期間が長かった。田中が吉田派から佐藤派と常に党内の主流派に属してきたのに対し、中曽根は北村（徳太郎）派から河野（一郎）派と反吉田陣営に身を置き、河野の死後は自ら小派閥を率いてきたからである。

さらに言えば、佐藤内閣を厳しく批判していながら一転、親佐藤となって運輸大臣の椅子についたり、角福戦争のときに福田支持を表明していながら突然田中支持に回ったりして、いま一つ信頼性が欠けていた。そのため、メディアは中曽根に「風見鶏」の烙印を押した。では、なぜ、その「風見鶏」が長期にわたり政権を維持できたのか。

一九八二年一一月二四日、自民党総裁予備選の開票日に、東京・平河町の砂防会館にある中曽根事務所で、開票の様子をテレビで見ながら中曽根にインタビューをした（『文藝春秋』一九八三年一月号掲載）。その前日から、各紙は「中曽根有利」と報じていたが、開票の経過を眺めながらインタビューに答えるというのは、パフォーマンスとしてもなかなかの度胸であった。

このとき、当選がほとんど確定した時点で、「中曽根さんは「風見鶏」で信用ならないとマスメディアも世論も非常に厳しいですが、ご本人はどう受け止めていますか」と問うた。中曽根は、まるでこの問いを待っていたかのように笑って頷き、答えた。

「大政治家はみんな風見鶏ですよ。西郷隆盛なんていうのは最大の風見鶏です。会津とまで手を結んで、長州をやっつける。ところが風が変わってくると、今度は長州と手を組んで、会津や幕府をやっつけた。つまり時代の転機というものをよく見て、歴史の前進に力を貸してきているんですね。そういう意味では、偉大な政治家というのはみんな風見鶏ですよ。時代を作っていく人間には、風見鶏が多いんじゃないですか」

中曽根はこの時から、風見鶏という言葉を、まるで勲章でもあるかのように自ら積極的に口にするようになった。

内閣は仕事――中曽根の政治哲学

その後、二〇〇一年に改めて同じ中曽根事務所で八三歳になる中曽根にインタビューした。小泉純一郎内閣の時だ。一九年前に比べれば、頭髪は薄くなったものの、顔の色艶、たくましい面構えはほとんど変わっていなかった。私はいきなり、「角影内閣」「田中曽根内閣」といった烙印についてどう思うか尋ねた。

「あれは、実は私の内閣の手法だったのです」

中曽根は微笑を浮かべていった。私は、その瞬間はエエカッコシイの中曽根が強がっているのだと思った。しかし、その口調は確信に満ちていた。

「私の政治哲学は、「政治家は実績であり、内閣は仕事である」ということで、いくらマスコミ受けのするカッコいい内閣をつくっても、仕事の実績がなければ、泡沫のごとく流れ去ってしまうわけですよ。小泉君もそうならなければよいのですがね。田中派が多くなった理由は明快で、最大派閥の田中派は人材が豊富で、圧倒的に仕事師が揃っていたのです。たとえば官房長官は自派から起用するのが慣例になっていたのを、私のほうから後藤田君になってほしいと本人と田中さんに頼んだのです。内閣の最大の課題である行財政改革を敢行するにあたって、各省の抵抗、つまり官僚の抵抗をうまく抑えられるのは彼しかいないと睨み、大仰でなく後藤田君に私の政治生命を預けたのです」

当時テレビ朝日の専務で、ＮＨＫの島桂次や読売新聞の渡邉恒雄と並んで、中曽根、田中両者と緊密な関係にあり、「マスコミの三悪人」という「尊称」を奉られていた三浦甲子二《きねじ》から、「中曽根が頼んだのは確かだ。しかし、角さんはＯＫしたが後藤田は渋った。はっきりいえば中曽根が嫌いだったんだよ。後藤田はハト派で中曽根はタカ派だし、それ以上に風見鶏で権力志向の強いところがイヤだったのだろうな。角さんが時間をかけて説得したんだ」と聞いたことがあった。中曽根は、「政治は実験だ。一年後を見てくれ、とその点では自信があった」と余裕いっぱいに語ったが、一九八二年一一月の時点では、まさに政治生命を賭けた勝負だったのだろう。

「現に対米武器技術供与や防衛費のＧＮＰ一パーセント枠撤廃、そして不沈空母発言などの問題は、後藤田君、竹下君たちがいなかったら、解決がおそろしく難航したはずです。田中派の仕事師たちが、明らかに田中さんとは異なる私の政策を実現するために中軸となって頑張ってくれた。これが私の政治手法なのです」

偽悪者的な笑いを浮かべる中曽根に、田中「全権内閣」の時代、田中が具体的にどのような介入をしたのかを問うた。

「それは全くなかった」

中曽根は強く否定してから、「一度だけ、それに近いことはあった。しかし私は拒否しきった」と付け加えた。

「一九八三年の四月に、私はASEAN諸国に行ったのですが、その前に二階堂君や後藤田君が六月に衆参同日選挙をやれと強く、執拗に言ってきた。角さんがそうせよと言っている、と。だが、私は断り抜いた」

なぜ田中は同日選を主張したのか。二階堂進に問うた。

「角さんは、一〇月に予定されていたロッキード事件の一審判決が厳しくなるとみていて、中曽根内閣に迷惑をかけてはいけないと考えて、六月に同日選を行なうように強く求めたのです。判決後に衆院選を行なえば、自民党が不利になると読んだからです」

だが、中曽根は同日選挙を拒んだ。そのことについて後藤田に問うた。

「私の推測だけど、中曽根さんは、有罪判決が出れば田中さんが議員辞職すると思っていたのじゃないかな。その点、私は意見が違っていた。田中さんが辞職するならば、逮捕されたとき、すくなくとも起訴された段階で辞職している。田中さんは徹底的に戦うつもりだったし、その判断は選挙民に仰ぐと決めていた。私は田中さんは絶対に辞めませんよ、と言ったのですが、その点では中曽根さんと考え方が食い違っていた」

まず、六月二六日の参院選挙で自民党は六八議席を獲得し、改選議席数を三つ上回った。同日選を実施していれば、田中の目論見通りになった可能性は高い。

一九八三年一〇月一二日、ロッキード裁判の一審判決が出た。田中は懲役四年、追徴金五億円の有罪となった。そして、その夜、中曽根は田中に宛てた親書を秘書に、越山会の女王である佐藤昭子に届けさせた。

親書の内容は、田中に一時的に議員バッジを外してほしいという、中曽根の懇願であった。そうしてもらえれば自民党は衆院選で大勝利できる、とも書いていた。

だが、佐藤は親書を田中に渡すことを拒否し、中曽根の願いは田中に届かず、田中は議員バッジを外さなかった。

防衛問題に真っ向から取り組む

ここで、中曽根の「実績」について記しておく。

中曽根は、首相就任後初の施政方針演説で「戦後政治を総合的に見直し、二一世紀に向かっての基本的路線を策定する」と表明し、「戦後政治の総決算」が内閣の看板となった。その意味するところを、首相辞任後に改めて問うた。

「一本の柱は、吉田政治からの脱却でした。吉田さんは、私に言わせればエセ一国平和主義ですよ。憲法改正・防衛軍創設などを求める鳩山一郎や三木武吉、河野一郎などに対抗するためでもあり、日本弱体化を狙っていたアメリカの政策に迎合するのが得策だと考えたこともあるでしょう。国家像の構築や安全保障は棚上げして経済重要主義に走った。それが結果として国民感情を歪めて、国民の中に国家意識がなくなってしまった。池田さん、佐藤さん、角さんと、いずれも吉田路線を踏襲した。私はその路線から脱却して、新しい国家像を構築し、歴代首相が逃げ腰だった防衛問題に真っ向から取り組むことにしたのです」

中曽根は、一息に強い口調で言った。「防衛問題に真っ向から取り組む」とは、具体的に何を指すのかと問うた。

「マッカーサーの占領政策がそのままかり通ってきて、国際的な常識である防衛問題を論じることがタブーになっていた。私はそれを叩き壊そうとしたのです」

一九八三年一月一七日、レーガン大統領と会談するために訪米した中曽根は、その前にアメリカへの武器技術供与を決めた。武器輸出三原則によって、日本は、武器輸出はもちろん技術供与も禁じていたが、アメリカは同盟国として武器技術の供与を強く求めていた。だが、ハト派の鈴木前首相はこれに応じなかった。この問題が、「日米同盟は軍事的な意味を含んでいない」という鈴木の発言とともに、日米関係を険悪にしていると中曽根は見たのである。

「アメリカから武器そのもの、そして軍事技術もたくさん供与してもらっているのに、こちらからは一切供与しないというのは不合理極まりない。内閣法制局の解釈を変えさせるのに苦労しました」

中曽根は、この「土産」を持ってアメリカに乗り込み、日米関係を修復してレーガンと「ロン・ヤス」で呼び合う仲になった。そしてこの「ロン・ヤス」の関係が成立したのは、中曽根がもう一つ日本のマスメディアを騒がせる出来事を起こしたためであった。

ソ連中距離核ミサイル撤去の流れをつくる

レーガン大統領と会談する前に、中曽根はワシントン・ポストの社主だったキャサリン・グラハムの朝食会に招かれ、その席上で「不沈空母」「四海峡封鎖」「運命共同体」などの発言をした。それが、日本のマスメディアから「タカ派の正体を露呈」と集中砲火を浴びたのである。内閣支持率も五パーセント以上落ちた。だが、中曽根訪米に同行し、朝食会にも同席した藤波孝生によれば、中曽根は実際にはそのような言葉は口にしていなかったという。

「万一の有事の際は、日本を敵側の航空機の侵入を許さないような、周辺に高い壁を持った大きな船のようなものにすると、それを雑談として話したのを、通訳が大仰に意訳したのですね。そして、ワシントン・ポストに刺激的な表現で報じられてしまった。記者も「不沈空母」という言葉はなかったと認めていたから、訂正を求めようとしたのですが、中曽根がその必要はないと言ったのです」

中曽根本人に確認すると、その説明を大筋で認めた上で、「あれは日米関係を修復するショック療法になった。百万言費やすよりも効果があった。レーガン大統領の日本に対する不信感は一挙に吹き飛んだ」と愉快そうに話した。

この年、バージニア州の古都ウイリアムズバーグで開かれた主要国首脳会議（サミット）でも、中曽根はそれまでの日本の首相とは違って積極的に振る舞った。

　このときは、ソ連がヨーロッパに配備している中距離核ミサイルＳＳ20を撤去させるために、アメリカが精度の高いパーシングⅡクルーズミサイルを配備する計画を確認し、「政治声明」として発表するか否かが中心課題となった。レーガン大統領は、もちろん政治声明としての発表を強く望んだのだが、カナダのトルドー首相は消極的で、フランスのミッテラン大統領、西ドイツのコール首相、イギリスのサッチャー首相らも「ヨーロッパの足並みが揃わないのならば」と消極的になった。実はソ連と西ヨーロッパ勢の間で、ＳＳ20をアジアに移転させるという動きも起きていたのである。中曽根はそれを察知して、「自由主義世界の団結の強さを、ソ連に対して示すべきだ」と長演説をぶって流れを作り、ソ連がヨーロッパとアジアの両方からＳＳ20を撤去することになった。日本の首相が国際的な安全保障問題で主導的な役割を演じたのは、これが初めてであった。

　だが、日本のマスメディアでは、このようなことはほとんど報道されず、記念撮影で中曽根がレーガンの隣、つまり中央に立ったことを中曽根のパフォーマンスとして揶揄する記事が載った程度であった。それまで、日本の首相はいつも端で小さくなっていたのである。

「国連で、日本はアメリカについで二番目に多い分担金を出していて、これは国民の税金なのですからね。端っこに立っていたら日本国民に申し訳ない、と思った。だから真ん中に立ったのですよ」

　中曽根はこうした説明が実にうまい。思わず納得させられてしまう。

ところで、田中角栄が辞任しないことを重大事とする野党からの内閣不信任案を受けて中曽根が衆院を解散し、一九八三年一二月一八日が投票日になった。

しかも、国民の多くから顰蹙を買っている田中が立候補するという、自民党にとっては最悪の形となり、前回の二八四議席を大きく下回って二五〇議席となった。

そして、田中自身は新潟三区で二二万七六一票という空前の大差得票でトップ当選をした。

田中角栄続投を支える人々

それにしても、自民党は選挙で絶対に不利とわかっていながら、なぜ田中を辞職させなかったのか。なぜ「国民の敵」である「田中支配」から脱却できなかったのか。

前出の伊藤昌哉は、「田中の徹底した恐怖政治のため」だと指摘した。

「田中が辞めないことで、最もダメージの大きいのが田中派です。しかし、田中に逆らったら、カネの蛇口を締められ、党の役職、大臣や政務次官にも就けない。何より怖いのは、選挙のとき同じ選挙区に対立候補を立てられて落とされることです。田中はそれを露骨にやるし、もちろん他派閥の議員でも容赦しません。また、田中はやたらに情報に詳しく、どんな少人数の秘密会議で話した内容でも、全て田中の耳に入ってしまう。この恐怖政治で誰も田中には逆らえなくなっていた」

それに対して、ポスト中曽根の有力候補の一人だった渡辺美智雄は、次のように語った。

「実は、福田赳夫に対しても、三木武夫にしても、田中支配という大前提があるからこそ、首相を退いた後も、「反田中」という「正義」を掲げて自らの影響力を維持できた。鈴木善幸や中曽根康弘にしても、「闇将軍」から一定の距離を取ることがアイデンティティになりえたし、何よりも田中が裁判闘争を続けるために現役であり続ける、つまり田中派から首相を出さないと決めているからこそ、自力では権力の座を奪取できない人物までが、田中の支持を得て順番に首相になることができた。つまり、最大派閥の田中派が常に縁の下の力持ちを務めていることが、他派閥の候補たちにとっては、まことに都合がよかったのである」

自身が振り返る痛い失敗

「戦後政治の総決算」と並ぶ、中曽根内閣の政策のもう一本の柱は、行財政改革であった。当時は「行革」という言葉がよく聞かれたが、中曽根は私のインタビューで「構造改革」の単語を用いた。

中曽根が構造改革に着手したのは、鈴木内閣の行政管理庁長官だった一九八一年三月に発足した第二次臨時行政調査会で、会長は経団連前会長の土光敏夫であった。そして中曽根が首相になった後、一九八三年七月に臨時行政改革推進審議会が発足し、再び土光が会長に任命された。

鈴木善幸が首相を辞めた原因の一つが、一九八四年度までに赤字国債をなくすとの公約を到底実現できそうにないことだった。一九八一年度の国債発行額は一二兆八六〇〇億円だったのが、八二年度には一四兆四四七億円、赤字国債が七兆八七億円と膨らむ一方であった。八五年度からは国債の償還が本格的に始まることになっており、中曽根は構造改革の実行を迫られていたのである。臨調会長に就任するにあたって土光は、「増税なき財政再建」を政府に約束させていた。したがって、懸命に歳出カットを行ない、徹底的に行政の無駄を省くしかない。その流れの中で、中曽根は、国鉄、電電公社、専売公社の民営化を実現した。

だが、一方で、中曽根が「必ずやる」と大見得を切りながら実現できなかった改革がある。教育改革と税制改革だ。

中曽根は首相就任直後、私に、「現在の教育基本法はマッカーサーの占領時代に作られたので、日本という国の風土や歴史、日本人としての生きていく基本の型が閑却された、蒸留水みたいなものです。教育が日本のアイデンティティを失われたものにしている」と強調し、「教育基本法の枠を超えた教育改革をやる」とくり返し言った。だがその試みはどう見ても中途半端、いや失敗に終わったとしか言えない。そのことを、中曽根にぶつけてみた。

「確かに中途半端でした」

中曽根は失笑し、「時間がなかったというと弁解になるが、文部省と族議員の壁が破れなかった」と述懐した。そして、私が「臨時教育審議会の会長人事に失敗したのではないか」と問うと、「私は財界人でないと駄目だと思い、中山素平さんを推していたのですが逃げられて、京都大学の総長をしていた岡本道雄さんになった。結局、岡本さんは、文部省が押しつけた中教審の枠に拘束されて身動きできなくなってしまった」と、口惜しそうな表情で答えた。

もう一つ、痛い失敗をしたのが税制改革であった。中曽根は一九八五年の衆院予算委員会で公明党の矢野絢也書記長の問いに、「多段階、包括的、網羅的、普遍的で大規模な消費税を、投網にかけるようなやり方でやることはしない」と答弁した。さらに一九八六年六月、衆参同日選挙の遊説でも、「国民や自民党員が反対する大型間接税と称するものはやらない」と力説して回った。

この言葉は、国民にも、もちろん野党にも自民党員にも、「消費税はやらない」という意味だと聞き取れた。それでいて、一九八七年の二月に「売上税」を打ち出したのだから、国民の八〇パーセントを敵に回してしまい、結果として撤回せざるを得なかった。

「しかし、原（健三郎・衆院）議長の斡旋で、売上税関連法案については、与野党間で協議会を作って処理することになって、それが後の消費税に結びついたのです」

中曽根は、そう説明した。

だが、中曽根内閣では具体的に手がつけられず、それを何とか実現させる、との密約があって、竹下登が後継となったのではないか。

憲法改正を断念させた日米経済摩擦

もう一つ、中曽根は若い頃から熱烈な憲法改正論者であり、私は直接中曽根から何度も、憲法改正が必要だ、と聞いていた。憲法と自衛隊の大きな矛盾を、いつまでもごまかし続けるわけにはいかないというのである。この点では、宮澤、竹下、田中角栄とは異なっていたのだ。

だが、中曽根は首相である間に、憲法改正は一度も打ち出さなかった。首相を辞して後、中曽根に、「なぜ憲法改正を打ち出さなかったのか」と問うた。

「御存じの、日米経済摩擦が大変で憲法改正など打ち出せる状況ではなかった。ソ連にいろいろ問題が出て来て、アメリカは、ソ連ではなく日本が敵だと言い出してね」

中曽根は、自分に確かめるような口調で言った。

レーガンのアメリカが日本を標的にしたのは、一九八〇年には日本の対米輸出額が三一二億ドル、輸入額が二〇八億ドルであったのが、八五年には輸出額が六八八億ドルと倍増したのに対して輸入額は二二六億ドルとほとんど増えず、対日貿易赤字が四六二億ドルにもなってしまったからである。レーガンは日本に甘すぎる、との声がアメリカ国内で強まり、レーガンは対日強硬姿勢に転じたのだ。

そして、アメリカの貿易赤字急増の要因はドル高、円安にあるとして、日本に大幅の円高政策を要求したのである。八五年九月、アメリカ側はベイカー財務長官を派遣、ニューヨークのプラザホテルで竹下蔵相らと会議が行なわれ、竹下蔵相はアメリカ側の要求を受け入れた。これがプラザ合意である。

そのために、一ドル＝二三八円だったのが、同年一二月二三日には二〇二円と円高になった。

もっとも、竹下はこの程度の円高は予想していたのだが、一九八六年一〇月二五日には一五三円となり、日本中に「円高不況」の悲鳴が充満することになった。だが、円が急激に高くなったにもかかわらず、対米輸出額は一九八六年に八一九億ドル、八七年八四六億ドルと増え続け、対日貿易赤字が八七年には五六四億ドルと増大している。

そこで、アメリカは、日本の輸出依存体質を転換して内需拡大に力を注ぎ、市場を開放せよと強く要求し、日本は、いわゆる「前川レポート」を作成して発表した。そして、これがバブル経済の原因になったとされている。

アメリカの日本攻撃は収まらず、一九八八年八月、アメリカはスーパー三〇一条を成立させた。従来の三〇一条は、発動には提訴の必要があったが、スーパー三〇一条は、ＵＳＴＲ（米通商代表部）が独自に制裁を発動できるのである。

日本は、アメリカの要求が法外だとわかっていながら妥協を重ねた。なぜなのか。竹下内閣の官房副長官、海部内閣の幹事長を務めた小沢一郎に問うた。

「それは、日本がなくてもアメリカは成り立つが、アメリカなしでは日本は成り立たないからですよ」

第6章　竹下・宮澤の興隆と衰退

田中角栄へのクーデター

一九八七年一一月六日、臨時国会の冒頭で竹下登が第七四代内閣総理大臣に指名された。六三歳であった。

もっとも、竹下首相については、前もって記しておかなければならないことがある。

一九八四年一二月二五日、東京・築地の料亭「桂」に、田中派の国会議員一四人が集まった。極秘の会合が開かれたのだ。

一九八三年一〇月一二日に、ロッキード裁判で、田中角栄は懲役四年、追徴金五億円の有罪判決を受けた。そして、このことに金丸信と小沢一郎が強い危機感を持った。

このまま、田中が裁判で戦い続けると、田中派から首相を出すことができない。そこで彼らは、田中派内でクーデターを起こすことにしたのである。表向きは竹下を中心とする勉強会ということにした。

そして、一九八五年二月七日に、砂防会館別館三階の木曜クラブ(田中派)で発会式が行なわれた。四〇人が集まり、「創政会」という名称になった。

竹下はこの席で、「私は竹下登のすべてを燃焼し尽くし、一身を国家に捧げる覚悟でまいりました」と天下取りの決意を示した。

そして、このクーデターを知った田中は大打撃を受け、二〇日後の二月二七日夕方、私邸で倒れ、本格的に回復することなく、一九九三年一二月一六日に死去した。

実は、ポスト中曽根の座をめぐっては、宮澤喜一、安倍晋太郎、竹下登の三人が戦うものとされ、安倍が本命と目されていたのだが、三人は戦わず、中曽根は後継総裁に竹下登を選んだ。中曽根は、もちろん竹下が消費税をやると約束し、また竹下ならばうまくやれると考えたのである。

「中曽根さんまでの首相は、日本が巨大強国の一つだった時代を経験されており、何事につけても気宇壮大だ。しかし僕が学徒動員で軍隊にとられたのは昭和一九年夏で、陸軍特別操縦見習士官だったが、乗る飛行機もないまま、情けない敗戦になってしまった。だからひ弱というか、主体性のなさというか、現実の変化に自分の身体を合わせるといった生き方が身についてしまった」

竹下登から何度もこの言葉を聞かされた。竹下という人は、過剰なまでに自分を貶めて語るのが好きな政治家である。だが、その竹下は、

「国民に好かれたいと思ったら野党の政治家になれ。国民から嫌われる覚悟がある人間が政権与

党の政治家になれ」

「汗は自分でかきましょう。手柄は人にあげましょう」

などとも言っている。

また、官房副長官時代に、田中角栄から、「お前は党人派だから、官僚の名前や誕生日、結婚の日時など全部覚えよ」といわれて、竹下流の長い巻紙をつくった話は、第4章で記した。

間接税導入へ突き進む

一九八七年一一月二七日、竹下は首相としての初の所信表明演説で、「重要なことは、開かれた議論を通じ、税制改革について国民的合意を形成していくこと」であると、中曽根内閣で廃案になった「間接税」の導入を臆することなく表明した。

準備に怠りのない竹下は、税制改革に向けて既に適材適所の人材配置を済ませていた。ライバルの安倍晋太郎を幹事長、宮澤喜一を副総理兼蔵相、そして直臣の小渕恵三を官房長官、小沢一郎を官房副長官、梶山静六を国家公安委員長、政調会長に渡辺美智雄、税制改革のキーパーソンである税制調査会長に山中貞則を配置し、金丸信は竹下派会長となった。考えうる限りの最強布陣である。

野党は、当然ながら、中曽根首相が一九八六年の衆参同日選挙のときに「大型間接税と称するものは、やる考えはない」と明言した公約に違反するものであり、あらためて間接税の導入を図るのならば、衆議院を解散して、国民に信を問うべきだ、と竹下を攻め立てたが、大平内閣と中曽根内閣の二度とも、「廃案」ではなく、事実上の先延ばしであった、という自分が仕掛けた手品の種明かしをして、「いささかも公約違反などしていない」と言い切ると、野党側が二の句が継げなくなった。

「直接税偏重の税制を改革する。間接税の導入とは、直間比率の見直しであり、その分だけ所得税を減らすのであって、増税ではなく、むしろ納税者にとってはプラスになる」

と、説いたことで、公明党の矢野絢也委員長、民社党の塚本三郎委員長、さらに労組も「反対」から「賛成」に変わりはじめていたのである。

だが、世論調査(一九八八年三月二九日、朝日新聞)では、国民の六〇パーセントが間接税導入に反対であった。

「消費税」という三文字が初めて登場したのは、一九八八年四月二八日に提出された政府税制調査会の中間答申であった。そこには「国民に広く薄く安定的な負担を求める新しい消費税の導入は必要やむをえないと判断した」と結んであった。大蔵省は、消費税五パーセントで実施すると決めていたのだが、税調会長の山中貞則は頑として認めず、三パーセントに落ち着いた。竹下の根回しで、公・民両党が消費税導入に「反対せず」の姿勢を固めて、社会党、共産党が反対しても国会では無理なく成立する見込みがつきはじめた。

しかし、六月になっても国民の六〇パーセント(同年六月二六日、朝日新聞)は依然として反対であった。

当時、私は竹下首相と小渕官房長官に、ある提案をしてみた。テレビで消費税導入に懐疑的、あるいは反対している国民二〇～三〇人と、二、三時間かけて公開討論を行なってはどうか、ともちかけたのだ。竹下も小渕も乗り気になったのだが、結局は実現しなかった。大蔵省が「総理が国民と公開で討論するなど危険きわまりない」として潰したのである。

竹下内閣崩壊――リクルート事件

その直後だった。六月一八日、朝日新聞が朝刊で、川崎市の小松秀熙《ひでき》助役にまつわる疑惑を報じた。小松が、リクルートの江副浩正会長(当時)からリクルートコスモス社の未公開株三〇〇〇株を、一株あたり一万二〇〇〇円で譲渡され、公開時に約一億二〇〇〇万円もの高利益を得ていた、というものだ。株の購入資金もファーストファイナンスというリクルートの系列ノンバンクから融資されており、これは「賄賂」にあたるのではないか、との疑いで、これがリクルート事件の発端であった。

当初は川崎市の都市計画「かわさきテクノピア」をめぐる自治体スキャンダルのように見えたのだが、事件は中央政界にも燃え移った。

秘書名義ではあったが、竹下登をはじめ、中曽根康弘、宮澤喜一、安倍晋太郎、渡辺美智雄、さらに派閥の幹部である森喜朗、加藤紘一、藤波孝生、そして前文部事務次官の高石邦男、元労働事務次官の加藤孝、NTT会長の真藤恒など数多くの名前が挙がってきた。いずれも小松助役と同じパターンで、「濡れ手に粟」という言葉が、リクルート事件を報じるメディアのキーワードとなった。

竹下首相に、直接、リクルート事件について問うた。

「リクルート事件には四つの側面がある。道義的責任、刑法上の問題、商法上の問題、それから政治改革の問題。いま我々が問われているのは道義的責任で、これはあるかもしれん」

竹下は、刑法、商法上の問題はないという認識で、この時点では事件が竹下内閣の崩壊につながるとは、誰も予想していなかった。

リクルート疑惑について東京地検特捜部が本格的な捜査に動き出したのは九月九日であった。リクルートコスモスの松原弘前社長室長が、「国会の爆弾男」として鳴らした社民連の楢崎弥之助議員に、「リクルートを助けて欲しい」と依頼し、五〇〇万円を手渡そうとした。その場面の一部始終が日本テレビのスタッフに隠し撮りされ、オンエアされたのであった。そして楢崎は江副前会長、松原前社長室長、池田友之(リクルートコスモス社長)を東京地検に告発したのだ。

実は、この告発の前、竹下が言うところの「道義的責任」だけでは済まされない出来事が起きていた。

一九八八年七月二〇日、最高裁が殖産住宅事件に判決を下した。この事件は、一九七三年に東郷民安会長ら経営陣が東京地検に逮捕、起訴されたのだが、最高裁の判決は次のようなものだった。

「一般に入手困難で値上がりすることが確実な新規上場株を公開価格で取得する機会を得ること自体が賄賂に当たる」

こうなると、リクルートコスモス株の未公開株譲渡は「賄賂性あり」ということになる。「道義的責任」では済まないということだ。

リクルート疑惑が発覚して、消費税導入は店晒し状態となった。税制改革関連法案が国会に提出されたのは七月二八日であったが、そのまま一〇月末まで宙に浮いたままだったのである。

竹下首相は、公明・民社から支持を得ることを諦めて、一一月一〇日、衆院特別委員会で、消費税導入の強行採決に踏み切った。野党もマスメディアも「暴挙」だといっせいに非難した。

年が明けて、一九八九年一月七日、昭和天皇が逝去されて、新元号が「平成」となった。

だが、リクルート事件は深刻さを増し、発足時には五八パーセントあった竹下内閣支持率が、翌年八月中旬には三三・四パーセントに落ち、八九年三月には何と三・九パーセントにまで急落した。

そこで、竹下首相は四月一一日に、自らのリクルートに関する資産提供の全容を公表した。死中に活を求める捨て身の作戦であった。その額は一億五一〇〇万円だった。

だが、二二日、東京地検特捜部が、竹下の「金庫番」だった青木伊平を追及して、さらに五〇〇〇万円の借り入れがあることを明らかにした。

二五日、竹下首相は閣僚懇談会で退陣を表明した。そして、二六日朝、青木伊平は自らの命を絶った。

リクルート事件は、自民党にとって、ロッキード事件と比べものにならない深刻な事件であった。ニューリーダー三人をはじめ、首相候補とされてきた政治家、そして各派閥の二番手、三番手までが根こそぎ汚染されてしまったのである。

そのために、苦しまぎれに、本人自身、何の準備もない宇野宗佑を首相にたて、身辺スキャンダルで二カ月で失脚すると、リクルートに関係がなく、当選一〇回というだけで、海部俊樹が後継首相となった。

実は、私はリクルート事件は「冤罪」だと捉えている。財界が江副浩正に嫉妬し、検察がこれに乗ったのであった。この事件がなければ、リクルートは、日本のグーグルになった可能性がある。このことは『正義の罠』(小学館)という書に詳しく書いた。

自衛隊海外派遣のきっかけ

ところで、一九八九年一二月に、地中海のマルタ島で、ブッシュ・ゴルバチョフ会談が行なわれて、事実上東西冷戦は終わった。

そして、一九九〇年八月に、イラクのフセインの軍隊がクウェートを侵攻すると、戦後はじめてイラクに即時撤退を求める、国連安保理決議が可決された。

冷戦時には、アメリカの発案は全てソ連が反対し、ソ連が発案すると全てアメリカが反対してきた。それが、はじめて両国が一致したのである。

そしてイラク軍をクウェートから撤退させるために行なわれたのが湾岸戦争であった。

このとき、海部内閣の幹事長であった小沢一郎は、国連安保理が決議した戦いには、国連加盟国である日本も参加するべきだと主張したのだが、梶山静六、野中広務、加藤紘一など自民党でも反対する議員が多く、もちろん野党は反対なので、断念することになった。

海部首相は小沢と同意見だったが、反対派を説得する力はなかった。

その代わりということで累計一三〇億ドルを拠出したのだが、戦後クウェートが「ニューヨーク・タイムズ」などに出した感謝の広告の中に日本は入っていなかった。そこから、日本の国際貢献のあり方が議論となった。金ではなく自衛隊が出て貢献すべきだというのである。

そこで、宮澤内閣では自衛隊をＰＫＯとして海外に派遣することが決まり、小泉内閣では、アフガン戦争で海上自衛隊をインド洋に派遣して、戦争に参加している各国の軍隊に給油活動を行なうことになった。

繋げなかった政治改革法案

ところで、実はリクルート・スキャンダルが政界に燃え広がったことに竹下首相は強い危機感を持ち、一九八九年一月一八日に自民党政治改革委員会を、一月二七日には、首相の私的諮問機関として「政治改革に関する有識者会議」を発足させた。

その中心になったのは後藤田正晴で、四月二七日に「政治資金の公私の区分の徹底と収支の透明性の確保の必要性」を提言した。

だが、この二日前、二五日に竹下首相は辞任表明していたのだ。

そして、「政治改革大綱」が発表されたのは五月二三日で、宇野内閣発足の直前であったが、宇野内閣が二カ月で崩壊したために、当然ながら海部内閣の最優先課題となった。

「政治改革」とは、中選挙区制は、ロッキード事件・リクルート事件などを引き起こした金権政治になるので、小選挙区制に変更するということである。

海部首相は、「政治改革に内閣の命運をかけて取り組む」と何度も強調した。

だが、野党はもちろん、自民党の多くも小選挙区制に反対し、結局政治改革法案は廃案となった。海部首相は退陣せざるを得なくなった。一九九一年一〇月四日であった。

「バブルは虚の繁栄」を否定した人々

ここで、私自身の恥ずかしい読み違いを披露しておく。一九八九年春、それは、バブルが絶頂に向かって突っ走っていた時期であった。

一九八八年のGDPの伸び率は六パーセントで、七〇年代はじめの高度成長期と肩を並べようとしていた。その要因は地価の暴騰と株価の前代未聞の上昇であった。

東京の商業地の八六～八七年の上昇率は四八パーセントで、八七～八八年は六一パーセントとなり、八八～八九年には地価の異様な上昇が東京だけでなく全国に及んだ。

そして、一九八五年には一万二〇〇〇円台であった日経平均株価が、一九八九年には三万円台に急上昇した。

私は、この地価と株価の暴騰と、それゆえの好景気は、いわば「虚の繁栄」ではないかと強く感じたのだ。当時バブルという語は一般には使われていなかった。そこで『文藝春秋』誌で「虚の繁栄」のカラクリを究明するレポートを書くことにした。

その取材のために、山手線の内外のマンションを一〇カ所ばかりまわり、一九八四年の時点では五〇平方メートル三〇〇〇万円程度であったのが、その頃には八〇〇〇万円台に達し、さらに上昇しつつあるのを知って、「虚の繁栄」の思いを強くした。何より、親子三人暮らしでも狭い八〇〇〇万円のマンションを、年収四〇〇万～五〇〇万円の平均的国民がどうやって買えるのか。当時、都内に約六〇のビルを持っていた桃源社の佐佐木吉之助社長でさえ、私に「こんなのは仮需の仮需」だと強調した。

だが、一〇を超えるシンクタンクを直接取材すると、例外なく私の「虚の繁栄」論は強く否定された。今回の経済成長は輸出によるのではなく、内需が柱になっていて、やっと日本経済が本物になったのだと、シンクタンクの中枢にいて、新聞やテレビで有名なエコノミストたちが口をそろえて断言した。「仮需」ではなく、「実需」だと言うのである。

「「虚の繁栄」だなどと言ったら、あなたのジャーナリスト生命が絶たれてしまう」とも忠告された。何人もの経済学者が、やはり、「実需」だと述べた。こうして、取材を進めるにしたがって、私は当初の自信を失い、結局、「虚の繁栄のカラクリの追及」ではなく、「土地の呪縛からの解放」という中途半端なレポートになってしまったのである。

だが、一九八九年一二月には三万八九一五円をつけた株価が、一九九二年八月には一万四三〇九円にまで落下し、一九九一年に最高値を記録した東京の商業地の地価が一九九三年には、その七五パーセントに急落し、一九九四年には六五パーセントになってしまった。

バブルは弾けたのである。

バブルの原因と崩壊について、日銀出身の自民党国会議員塩崎恭久(後に、第一次安倍内閣の官房長官)に問うた。

「原因は、プラザ合意(一九八五年九月、五カ国の蔵相が集まってドル安誘導を行なった)で円高になって、一億総円高恐怖症になったことです。それまでのドル高=円安が非現実的であったのに、円高で日本の経済が崩壊するという恐怖心に駆られて、急激な金融緩和、つまり一九八六年から一九八七年にかけて、公定歩合を継続的に五度にわたって引き下げて、五パーセントだったのを二・五パーセントと半分にしてしまった。それも、一般企業が株の増資、社債の発行に力点を置き、銀行からの融資を減らしたために、銀行は不動産業などに、それを担保となる土地の価格の一〇〇パーセントというムチャクチャな融資をしてしまった。長い間の土地神話で、地価が上がり続けると思い込んでいたのでしょう」

塩崎は苦々しげに話した。

立ち消えた公的資金投入計画

バブルが弾けたときの首相は宮澤喜一であった。渡辺美智雄、三塚博などが総裁の座を望んだのだが、最大派閥である田中派の金丸信・小沢一郎が宮澤を選んだのである。金丸は、小沢に「やれよ」と勧めたが、小沢が「まだやる気はない」と断ったようだ。

宮澤は大蔵省出身で、国際事情にも、金融・財政にも強いと定評のある政治家であった。その宮澤は、一九九二年八月三〇日に、軽井沢プリンスホテルで開かれた自民党主催のセミナーで「バブル崩壊で、金融機関が抱えている不良債権の買い取り機関を設立し、それに必要ならば公的資金を投入する」と表明した。

宮澤は、「これは銀行を救済するのではない。国民経済の血液たる金融がうまく動かなければ迷惑するのは国民だ」と説明し、「不良債権処理はできる限り急がねばならない」とも強調した。

くり返しになるが、一九九二年八月に、平均株価が一万四三〇九円に落ち込んだ。平均株価が一万五〇〇〇円を割り込むと、大手銀行二一行の株式含み益がゼロになるというのが、当時の金融業界の常識であった。

八月上旬、兵庫銀行の資金繰りが、八月二〇日以降立ち行かなくなる恐れがあり、という緊急連絡が日銀に飛び込んできた。兵庫銀行は第二地銀の最大手行であった。バブルが弾けて、融資先の担保である地価が下落し、不良債権が急増したのである。もちろん、日銀も大蔵省も、兵庫銀行が氷山の一角で、不良債権の急増による経済危機が、特に地価が急騰した大都市部の銀行に延焼するという恐怖感を抱いた。

八月三〇日に「公的資金の投入」を表明したとき、宮澤首相は一〇兆円規模を考えていたようだ。当時、宮澤首相のブレーンの一人で、「公的資金投入計画」の仕掛け人であると言われていた浜田卓二郎(大蔵省OB、当時衆院議員)は、後に、次のように証言した。

「ぼくが公的資金投入計画のシナリオを説明したら、宮澤さんは「大蔵省が反対するぞ」と言った。公的資金投入となれば、その前に銀行の徹底したディスクローズが必要だし、何よりも銀行の幹部の責任追及をしなきゃならない。ようするに、大蔵省主導の護送船団体制が壊れることになるわけだ。「これは大変だぞ」という宮澤さんに、「ではやりませんか」と聞いたら、「いや、やろう。やるしかない」と強い語調で言った。そして軽井沢セミナーの発言となったのです」

浜田は、当時を思い起こすように高揚した口調でいった。

私は長くつき合っていたが、宮澤は、ハト派だが、きわめて度胸のある政治家であった。

このとき、宮澤構想が実施されていれば、金融機関の不良債権は早く解消され、このように長く、景気の低迷が続くことはなかったはずである。

結局銀行の膨大な不良債権こそが、「失われた一〇年」の要因となったのである。宮澤構想は、実現されることなく、立ち消えになってしまった。

浜田は、「大蔵省が全力を挙げて、「公的資金投入計画」を反故にしたのだ」と悲憤を込めていった。

浜田が、ある大手銀行の幹部に問うと、「公的資金など投入したら、お前ら銀行幹部の首は間違いなく全部飛ぶ。それがイヤなら、公的資金投入など全く余計なことだ。全く必要ないと断れ」と、大蔵省幹部が執拗に恫喝を加えていたことがわかったということだ。

確かに、宮澤の発言から五日後、全銀協一般委員長だった三木繁光(三菱銀行常務、のち頭取)が朝日新聞のインタビューに応えて、「公的資金に頼る気持ちは全くない」と、拒否の姿勢を打ち出している。

それ以前、九月二日に日経連会長の永野健が「経営情報をすべて公開することなく公的資金を投入するのは反対」と批判の口火を切り、日本商工会議所会頭の石川六郎、経済同友会代表幹事の速水優もそれに同調した。さらに、宮澤発言の翌日、大蔵事務次官の尾崎護は、はやばやと「公的資金の投入」を否定している。これらを仕切ったのは銀行局長の寺村信行であった。

後に、宮澤が私に、「日本では首相の権限よりも大蔵省の方が強いのだ」と語った。

第7章　乱世の仕掛け人　小沢一郎

「失われた一〇年」、大蔵官僚の責任

なぜ、大蔵官僚たちは宮澤首相の提言を覆し、財界首脳たちが、いずれもそれに同調したのだろうか。

経済学者の伊藤元重（東大経済学部教授、当時）に問うた。

「一つには、大蔵官僚たちも経済界も事態を楽観視していたのだと思います。株価も地価も一旦落ちたけれども、いずれ回復する、とね。つまり循環的な不況の大きなもので、回復すれば不良債権も健全な債権になるわけですから」

慶應義塾大学経済学部教授（当時）の池尾和人も、「いずれ景気は回復するのだから、狼狽して余計な金を使うより、我慢して待つのが賢明、じっと我慢のときだと、大半の当事者たちが考えていた」のだと指摘した。いずれも、宮澤構想に否定的であった。

それに対して塩崎恭久は憤りを込めて反論した。

「はっきりしているのは、公的資金を投入するというのは、大蔵省と日銀の政策が失敗したことを認めることになる。あきらかにバブルをつくった責任は大蔵省と日銀にあるのですが、失敗を認めれば責任を取らなければならない。しかし、官僚というのは責任を取りたくない。それよりも大蔵省というのは、絶対に失敗を認めないエリート意識の塊で、だから宮澤構想を押し潰したのです。これこそが日本の大問題なのですが、政界も学者たちも、首相より大蔵省が怖い。だから、大蔵省に同調してしまうのですよ」

そして塩崎は一〇年以上続いた景気低迷、混迷を「官僚の無謬《むびゅう》の合成」だと指摘した。

宮澤喜一本人にも問うた。

「総理大臣が陣太鼓を叩いても、誰も応じてこなかった。どこへ手を入れたら手が動き出すという目処もつかない。そんな状態だった」

と述懐した。ようするに、緊急に着手すべき課題が、決定的に先送りされたわけである。

対談で見せた宮澤の決意

ところで、一九九二年八月二二日に、朝日新聞が、一九八九年七月の参院選前に、金丸信の秘書が東京佐川急便の渡辺元社長から五億円を受け取っていた、と大きく報じた。渡辺が地検特捜部の取り調べで供述したのだ。

金丸は田中派というより政界のドンであり、大事件とはなったが、金丸が議員辞職したことで一度収まっていた。

ところが、一九九三年三月六日、その金丸が秘書とともに四億円の脱税容疑で逮捕され、約三〇億円に上る割引債や金塊まで発見されて、巨額の不正蓄財が大問題となった。国民の政治不信が募った。そして、与野党で「政治改革」、つまり、選挙制度改革が再び噴き上がることになった。

四月一八日、私は後藤田正晴と都内のホテルで会った。後藤田が、話をしたいといってきたのである。

会うと、後藤田は「何としても政治改革が必要」だと強い口調で言った。「中選挙区制だと、一つの選挙区で自民党は複数の候補者を立てざるを得ず、必然的に金権政治になり、国民の信頼を失う。いや、すぐに失って大変なことになる。そして、金権を否定すれば独裁になる。だから、民主政治を持続するためには、どうしても早急に小選挙区制に改革しなければならない」と、後藤田は二時間以上かけて私を説得した。私は納得した。

実は、このとき、私は、テレビ朝日の「総理と語る」という番組に出演することが決まっていた。首相は宮澤喜一で、インタビューをするのは五月三一日であった。私は、出演を受ける条件として、「従来のようにあたらずさわらずの話ではなく、政局に斬り込む」ということを示して、テレビ朝日は官邸と交渉して、何とか承諾を得たようであった。

そして五月三一日、自民党本部で行なわれた政治改革推進本部の拡大幹部会議が、野党が言いだしている小選挙区比例代表連用制にどう対応するのか、大紛糾が続いて、宮澤首相が官邸に戻るのが、どんどん遅れた。

宮澤首相が官邸に着いたのは午後七時近くで、非常に疲れた顔をして、私に、開口一番こう語った。

「今日は政治改革の話は無理ですよ、非常に難しい情勢です。私がいま言えばブチ壊しになってしまう」

それに対して、私はこう食いさがった。

「ただいま現在のメインテーマは政治改革です。私は、宮澤さんがイヤだとおっしゃっても聞きますよ。お答えにならなければ国民は「なんだ、宮澤さんは顔がない人なんだ」と思うでしょう」

すると宮澤首相はストンとソファーに座り込み、じっと腕組みをして厳しい表情で考え込んでいた。非常に迷っているように見えた。その間、四、五分だっただろうか。

「政治改革のことを聞きますか」

宮澤首相は少年のような目をして問うた。

「聞きますよ」

私は答えた。

「じゃ、やりますか」

そう言って立ち上がると、宮澤首相はインタビューのためにセットされた隣室へと歩き出した。そして、待ち構えている記者たちに、「まあまあ、みなさんおそろいで」と愛嬌を振りまいた。だが、インタビュー席についた宮澤首相からは笑顔は消えていた。喉の皺が神経質そうに動くのが気になった。

インタビューはPKO問題からはじめたが、もちろん中心柱は政治改革問題であった。私は問うた。

「問題の政治改革、選挙制度の改革ですが、たぶん、この番組を見ている日本中の人が、宮澤さんの言葉と表情を、宮澤さんは本当にやる気なのかどうか、それこそ凝視していると思います。おやりになるのですか」

「お聞きにならなくてもわかっていることでね。政治改革はどうしてもこの国会でやらなければならないんです」

「おやりになる？」

「やるんです。というのは、これほどの国民の政治不信というのは、もちろん私は自分の政治生活で経験したことがないし、ちょうどこの総理官邸で犬養（毅）さんが撃たれて亡くなったんですね（五・一五事件、一九三二年）。六〇年ちょっとになりますか、あのときの政治不信というのをよく覚えています。

とにかく政治が変わらなきゃ。政治を変えなきゃ。国民の政治不信というのは、どうしようもないところへ来ている。ですから、どうしても、この国会でやってしまわなければならないんです」

「絶対にやる?」

「ここで政治改革をしなければ、日本の民主主義というのは大変な危機に陥ります」

「くどいようだが、本当に、この国会で、政治改革、できますか。残りの日数もあまりないようだし?」

「私が、責任を持ってやるんですから」

「もしできなければ、首相を辞める?」

「いや、だってやるんですから。私は嘘はついたことがない」

宮澤首相は、何度も、「責任を持ってやる」「絶対にやる」と力強くくり返した。だが結局、政治改革はできずじまいで、不信任案を成立されてしまう羽目となった。なぜなのか。宮澤首相の側近が、次のように説明した。

自民党は基本に誤解があった。どうせ野党の政治改革は、いつものように掛け声だけで終わるだろう。足並みがそろうはずがないとタカをくくっていた。ところが野党は、小選挙区比例代表連用制で足並みをそろえてしまった。そのために自民党としては抜き差しならない事態になってしまった。野党から投げられたボールを受け、それを返さなければならない。果たしてどうすればよいのか。党内が事実上二つに分裂して激しい火花を散らしていたのが、私とのインタビュー直前の状況だったのである。

「球を投げ返して野党が受け止めてしまったら、選挙制度改革は成立してしまう。そこで球を返すふりをするか、あるいは野党に届かない球をどう投げるかで党内は大きく揉めていた。ただ、宮澤さんには野党に球を投げる肩はおろか、握る力もなかろうというのが、大方の見方だった。ところがテレビのインタビューで「改革をやる」と発言したために「これは大変だ。野党にボールが届いてしまう」と大騒ぎになった」

さっそく、翌六月一日午後、選挙制度改革慎重派議員を集めた「真の政治改革を推進する会」の設立総会が国会近くのホテルで開かれ、平沼赳夫(三塚派)が、「最近の党内の動向を見ると、ヨーロッパの寓話のように、集団ヒステリーに陥り、破滅に突き進むネズミの集団だ」と危機感を漲《みなぎ》らせて訴えた。そして、その後、「推進する会」の島村宜伸(当時、自民国民運動本部長)たちが宮澤首相に面会を求め、「政治改革で野党と安易な妥協」を行なわないように強く申し入れた。政治改革を見送れということだ。

そして、六月一四日午前、梶山静六(当時幹事長)が、都内のホテルで行なわれた経団連会員でつくる新自由主義経済研究会で、「今週いっぱいしか国会がないことをみると、(法案成立は)大変難しい。百メートル離れた針の穴を通すほど、収拾するのは困難になった」と、事実上の断念宣言をした。

六月一五日、各紙はいっせいに一面トップで、「政治改革　首相、「今国会」を断念」と報じた。

そして一七日に、社会、公明、民社の野党三党は宮澤内閣不信任案を衆院に提出したのだった。

またこの日、自民党の羽田派は総会で不信任案への対応を、羽田孜《つとむ》代表に一任すると決めた。各紙は、「羽田代表は不信任案に賛成する方針」と報じた。

宮澤内閣不信任案が衆院で可決されたのは、翌一八日である。

細川連立政権の誕生

宮澤内閣の不信任案が可決されて、一九九三年七月一八日に、第四〇回衆議院議員総選挙の投票が行なわれた。

自民党の獲得議席数は二二三議席で、前回の選挙から五二議席減らし、過半数の二五六議席には遠く達しなかった。

だが、宮澤内閣不信任案担ぎの中核となった社会党は一三六議席から七〇議席に半減させ、共産党も一議席減らしている。野党側も議席は激減したのである。

そして、羽田孜や小沢一郎たちの新生党が五五議席、細川護熙《もりひろ》の日本新党が三五議席、武村正義の新党さきがけが一三議席を得た。自民党を離党した「保守勢力」が一〇三議席となったのだ。

マスメディアの多くは、自民党を主軸とした連立政権ができるのではないか、と予想していた。

ところが、小沢一郎が、なんと社会党と公明党を引き込んで非自民連立政権を樹立したのである。社会党は、小沢には強いアレルギーを抱いていたはずなのに、小沢はそれを口説き落としたのだ。

まさに、乱世の仕掛け人である。

実は、総選挙の日の夜、私はテレビ朝日の特別番組に細川護熙と武村正義に出演してもらい、「新政権ができたらあなた達はどんな立場に立つつもりか」と問うた。

二人とも、「政権からは一定の距離を置く」と答えた。

ところが、新政権で、細川は首相に、武村は官房長官に就任した。小沢が口説き落としたのである。

小沢は、社会党、公明党に対する配慮から、新生党が前面に出るのを控えて、無難な細川や武村を主軸にしたのだ。

小沢から「新政権になれば首相」と約束されていた羽田は副首相となり、蔵相は藤井裕久、通産相は熊谷弘、防衛庁長官は中西啓介と、重要閣僚の多くは新生党がおさえた。七党一会派の非自民連立政権の「首領」はもちろん小沢一郎で、戦うことを知らない他党は、小沢に委ねるほかなかったのだ。

細川首相は所信表明演説で、細川連立内閣を「新しい歴史の出発点を画するもの」と位置付けて、「日本の政治の二極化の時代は終わった」と強調した。多くの国民が「保革対立の政治に訣別し、現実的な政治選択が可能な政治体制を実現することを期待している」というのである。

細川はさらに、「本年中に政治改革を断行することを内閣の最優先課題とする」と力説した。

小選挙区比例代表制導入で見せた小沢の手腕

政治改革には、小選挙区制を導入することが必須であった。しかし、これが難航した。連立政権をつくる段階では、日本新党、新党さきがけはもちろん、社会党も賛成していたのだが、具体的な審議に入ると、社会党内で、「党の存在が埋没する」という反対論が強くなり、一九九四年一月二一日に参院で政府案が否決された。自民党が反対したうえに、与党の社会党から一七人の造反議員が出たのである。

「政治改革」を実現するためにつくられた政権で「政治改革法案」が廃案になれば、政権の存在理由がなくなってしまう。さらに社会党内部では政権離脱の声が強まり、七党一会派の「ガラス細工政権」は解体の危機にさらされた。

この「大有事」に辣腕を発揮したのは、やはり小沢一郎であった。

小沢はなんと、一月二八日に細川首相と自民党総裁となった河野洋平とを会談させて、自民党を取り込むことで政治改革四法案を成立させてしまったのである。連立政権案の小選挙区二七四議席、比例代表二二六議席を、自民党案の小選挙区三〇〇議席、比例代表二〇〇議席で妥協した形だが、実は自民党は「反対」から「賛成」に大転換させられたのだから、あきらかに小沢の「勝ち」であった。

しかし、このときになって「賛成」に転換するのならば、自民党は宮澤内閣の時点で小選挙区比例代表制を打ち出しておけばよかったのではないか。そうすれば、野党にならなくて済んだはずであり、あくまで「反対」で頑張れば、細川連立政権を解体できる可能性があったのではないか。それを、なぜ大妥協してしまったのか。

私は後に、当時の自民党幹事長で、小沢と話して、細川・河野会談のお膳立てをした森喜朗に問うた。

「参議院でせっかく潰したのに、なぜ、わざわざトップ会談でセットして合意したのか、と批判した人間が自民党にも何人もいた。しかし、それは実情を知らない連中の言いぐさで、あのとき合意をしていなければ、若い連中……四〇～五〇人は間違いなく党を割って出ていった。私は摑んでいたのです。いわゆる改革派に小沢の手が全部入っていることをね。あのとき合意しなかったら、今日の自民党はないですよ」

森は苦笑いをしながら言った。

小沢は自民党内に手を突っ込んで、若い改革推進派に離党せよと煽り、一方では森・河野など幹部には柔軟姿勢で思いきった妥協を示した。まさに田中角栄張りの見事な駆引きだった。

だが、こうした成功が、実は連立政権の亀裂を生じさせていたのである。

小沢の政治手法への反発

社会党は比例代表二二六議席でも不利になると抵抗していたのに、二〇〇に減ってしまい、それも小沢が強引に自民党を巻き込んで社会党が身動きできない状態にしてしまったために、反小沢感情が強まった。小沢が「社会党は下駄の雪で、踏んでも踏んでもついてくる」と公言しているなどということも当然漏れていた。

さらに、官房長官の武村も、比例代表二二六議席を前提条件として、細川とともに小沢劇場に協力していた。というよりも、小沢・細川・武村が全面的に力を合わせて連立政権を持続させる決意であったのである。しかし、その姿勢を転換せざるをえなくなる事件が起きた。

二月三日、午前一時前から突然、細川首相が記者会見を行なった。消費税を廃止して、「国民福祉税」を創設し、税率を七パーセントにするというのだ。記者たちにも唐突だったが、なんと社会党、民社党、そして武村官房長官にもなんら了解をとっていなかったのである。

小沢が、パートナーの市川雄一(公明党書記長、「一・一ライン」と称されていた)とだけ謀《はか》って、細川首相に強引に記者会見をさせたようだ。実は、細川も賛成ではなかったようだが、小沢が口説き落としたのである。

社会党は「強行すれば連立を離脱する」との姿勢を打ち出し、武村も「過ちを改むるにしくはなし」と公然と追及したために、結局、国民福祉税構想は白紙撤回された。

小沢は、大蔵省、通産省の幹部に説得されて、「国民福祉税」の創設を図ったのである。当時から財政問題が大課題だったわけだ。

だが、この「国民福祉税」騒動あたりから、側近たちの小沢離れが目立つようになった。

そして小沢は、細川に「武村を斬れ」と強く求めた。

二月中旬から三月にかけて、「小沢が武村外しのための内閣改造を図っている」とマスメディアが流しはじめた。細川首相は一度は内閣改造を決意したものの、社会党、公明党、さらに小沢離れをした新生党の議員たちに強く反対されて気持ちが揺らぎ、こうした政権内の混乱に付け込むように、自民党は細川が佐川急便グループから借り入れた一億円問題、義父名義のＮＴＴ株問題などを厳しく追及しはじめた。

もっとも、佐川急便は三年前に抵当権を抹消しており、刑事事件になる可能性は全くなく、ＮＴＴ株問題も深刻になるような事柄ではなかった。

にもかかわらず、四月八日、細川首相はあっさりと辞意を表明したのである。内閣が発足して二四三日しか経っていなかった。

なぜ細川首相は辞めたのか。

連立政権が解体した後、小沢一郎に問うた。

「何の問題もない。つまらないことだよ。もっと早く僕に相談してくれればよかった。何も言わないから自分でやるのだろうとばかり思っていた。そしたら突然辞めます、と。やっぱり殿様だね。僕らにはさっぱりわからない」

小沢は、困惑したというよりも呆れた表情で言った。

だが、小沢を信頼して、それゆえに経企庁長官のポストを捨てて新生党の結成に加わった船田元は、「小沢さんが細川さんを見限った」と説明した。

「あの頃は小沢さんが自信を持ち過ぎていて、私たち同志のいうことをいっさい聞かなかった。「武村を斬れ」といったけど、細川さんは斬らなかった。そこで細川さんは「御用済み」だということになり、勘のいい細川さんはそのことを察して辞めたのですよ」

連立政権の分裂と羽田内閣の終焉

細川の次は、副首相の羽田孜が繰り上がるもの、と羽田本人を含めて関係者たちは思い込んでいたのだが、小沢の思惑は違っていた。なんと自民党から強引に渡辺美智雄を引き抜いて首相に担ごうとしたのである。

渡辺美智雄は当選一一回で、厚相、農水相、蔵相、通産相、外相などを歴任し、自民党随一の政治のプロだと、誰もが認めていた。

それにしても、小沢は、なぜ渡辺を自民党から強引に引き抜こうとしたのか。

連立政権が終わった後、一・一コンビの市川雄一に問うた。

「連立政権での小沢さんの大目的は、自民党と社会党を分裂させることでした。そして政界再編を行なう。いわば乾坤一擲の大勝負をやろうとしたのです」

そして、小沢の常識外れの求めを渡辺は承認したのである。渡辺も政界再編の必要性は強く感じていたのだ。

ところが、渡辺は約束の日の前夜、緊張のあまり眠れなくなり、夜中に睡眠薬を飲んだ。そのために、正午前に小沢宅を訪問する約束になっていたのだが、起きたら正午を大きく過ぎていた。そこで渡辺の側近である中山正暉《まさあき》が、詫びるために午後二時ごろ小沢宅に行ったのだが、門前払いを食わされた。小沢は時間が過ぎたのに渡辺から連絡がないので、ピーターパンのミュージカルを見に行ってしまったのだという。

「国民福祉税」のときと同じように、このあたりが小沢のどうにも理解しがたいところである。

この「ミッチー騒動」が終わって一九九四年四月、結局羽田が首相に就任したのだが、組閣の夜、今度は小沢は社会党と新党さきがけを除外した「改新」という統一会派を結成して衆院事務局に届け出た。

連立第一党の社会党が数の力で小沢のやり方に盾突くので、員数の上で「改新」の下位にして発言力を封じ込めようとしたのだ。それでも「下駄の雪」の社会党はついてくると、いわばタカをくくっていたのである。

もっとも、小沢は勝手にタカをくくっていたのではない。民社党の委員長で厚相の大内啓伍に相談し、大内が「村山委員長に根回しした。大丈夫だ」と反応していたのだ。

だが、実は大内は村山には会ったが、「私は大変困った立場にいる。なんとか助けて下さい」と頼んだだけで、その中味は説明していなかったのである。それで村山は「大変ですね、同情しますよ」といったのであって、「改新」の名称さえ知らなかったのだ。

そこで、「改新」という統一会派が結成されたことを知って、村山の怒りがついに爆発、連立離脱を敢行した。そして新党さきがけと連立入りを拒んだので、羽田首相は二〇〇人の少数政権として、まったく展望のない発進となった。

それにしても、大内は社会党・さきがけ派で、反一・一のはずだったのに、なぜ豹変したのか。

当時、まだ小沢の側近だった船田元に問うた。

「こう言っては申しわけないが、大内先生は小沢先生と仲良くなかった。そして党の中でも浮いていた。だから、「改新」の役に立つことで手柄をたてて、小沢先生に認められ、民社党内でも求心力を回復させようと考えたのではないですか」

船田は、このように解説した。

六月二二日、衆院予算委員会で佐川急便グループ事件における細川前首相の証人喚問が行なわれた翌日、国会内で、連立与党と社会党との新連立政権協議が行なわれた。社会党が連立政権に復帰するかどうかの条件のすり合わせである。連立与党からは小沢・市川の一・一コンビ、そして社会党からは久保亘書記長と野坂浩賢国会対策委員長の四人が出席した。

そしてこの日、自民党は、羽田内閣不信任案の提出を決めた。社会党がこれに賛成すれば当然ながら不信任案は可決されることになる。だから、連立与党としては、なんとしても新連立政権協議で社会党を同意させなければならなかったのだ。

翌二三日、羽田・村山会談が行なわれた。

そして羽田首相は、社会党の連立復帰と、内閣総辞職が合意されるのなら、総辞職する用意がある、と伝えていた。羽田は心の底から社会党の連立復帰を願っていたのである。

だが、肝心の連立与党と社会党の政権協議は決裂して終わった。与党側が、「一旦総辞職した後に再び羽田首相はあるか」と問うたのに対して、社会党は「それはない」と答えて、協議は決裂したのである。社会党としては、意地を通したかったのであろう。

二五日に、自民党の不信任案が衆院本会議に上程され、社会党も独自に不信任案を上程することが確実となった。

こうして追い詰められた羽田首相は、二五日昼前、内閣総辞職を表明した。

内密で動いた小沢の「海部推し」

もっとも、この段階でも連立与党は社会党復帰工作を諦めていたわけではなく、村山委員長も連立与党との協議再開に「意欲あり」と記者会見で語り、「再度の羽田擁立」に含みのある答えをした。社会党としては、結局、与党と組むしかない、と考えていたのだ。

ところが二九日、この日は会期末で、夜には衆参両院で首相指名の投票が行なわれることになっていたのだが、連立与党と社会党との政策協議が合意に至らずに終わった直後、自民党の元総裁で首相でもあった海部俊樹が、突如、自民党を離党して首相指名に立候補するとの記者会見をし、連立与党はただちに「海部支持」を決めたのである。

ということは、連立与党側は社会党との政策協議を行なう前から、水面下で海部擁立のお膳立てを整えていたことになる。これを行なっていたのは、もちろん小沢であり、一・一コンビであった。

小沢は、水面下で海部擁立を決めながら、いったいどんなつもりで社会党との政策協議を行なっていたのか。そして社会党は、結局長い間「敵」であった自民党と連立することになるのだが、それをどの段階で決めたのか。裏切ったのは小沢一郎なのか、それとも社会党の方なのか。

一・一コンビの市川雄一は、「私も小沢さんも羽田首相で行くつもりで、社会党が、村山擁立、自・社・さ連立に走ってしまった」のだと説明したが、船田元は、

「われわれは、何度か小沢先生に羽田さんにもう一度(首相になる)チャンスを与えてほしいとお願いに行ったのですが、小沢先生は「一度責任を取って総辞職した同じ人間が、次の首相指名に出ることは、政治道義的にあり得ない」と言って受け付けませんでした」と語った。

その船田が、「海部で行く」と知らされたのは、なんと、首班指名投票の衆参両院の本会議がは

じまる三時間前だったという。そして、このことが船田が小沢と離反するきっかけになった。船田に限らず、少なからぬ小沢崇拝者たちが、こうして小沢から離れていったのである。

それにしても小沢は、いつの段階で「海部で行く」と決めたのか。後に、小沢自身に質した。

小沢は腕を組み、いたずらっ子のように目を剝いて天井を仰ぎ、「それは本番の日、本番ですよ」と笑顔で答えた。

――なに？　首班指名の当日、ですか？

「そう。当日です」

――なぜ海部さんで行こうと決断したのですか。それは政策協議を続けていた社会党を裏切る行為ではないですか。

「あのとき、社会党案を丸呑みして、羽田さんで行けばよかったじゃないか、と思っている人が多いようだけど、冗談じゃない。あのときすでに、自社連合の話が全部進んでいて、「こっちの政策協議がまとまっても、社会党の二〇人、二五人は抜ける」と公然と言っていた。これじゃ勝てるわけがない。ここをみんな誤解している。じゃあ誰を立てるか、と考えていたとき、首班指名投票の前夜ですよ。宏池会の津島(雄二、元厚相)さんが、「海部さんでどうか」と言ってきたのです。海部さんは、それまでもしょっちゅう自民党を出るの出ないのと言っていて、本番の当日、ぎりぎりになって決断したのだけど、もう少し早く決断していたら、ぼくは絶対に勝てたと思う」

こういうときに小沢は弱気は見せない。「絶対に勝てた」というところに力点を置いて言った。

小沢の説明を信じたわけではないが、あえてそれ以上は問わなかった。問うても、答えるはずがない、と思ったからである。

自・社・さ連立政権づくりに大きな役割を演じたといわれている森喜朗幹事長(当時)に、村山政権が発足した直後に問うた。

「六月二八日の朝、六時半ごろ、村山さんとの交渉役だった梶山(静六)さんから電話で、「いろいろやったけどダメだ。村山は本気(自・社・さ連立政権)じゃない。諦めてくれ」と言ってきたんですよ。「力不足で申し訳ないが、結論が出た」と。そこで私も「終わりかな。小沢くんにやられたな」と思っていたのですが、七時過ぎに国対委員長の小里(貞利)から電話で、「今朝、社会党の久保(書記長)と一緒にめしを食う」と言ってきた。そこで、「何とかして村山・河野会談を今日中にセットするように言ってくれ」と頼んだのです。そして党本部にいたら、小里から連絡があって、「村山・河野会談は無理です。そのかわり、午後一時に、久保・森会談をセットしました」と言ってきた」

そして、国会内で、森・久保、それに国対委員長の野坂浩賢と小里貞利が会った。

ところが、久保書記長がのらりくらりとして、話をはぐらかし続けるので、森は怒って、何度も怒鳴り、「実はわが党は、村山首班で行く用意ありなんだ」と、はじめてそのことを、はっきり口にした。久保は驚いて絶句した。しかし、森のこの発言で、久保は村山・河野会談を決断し、この日の夜に、国会内で村山・河野会談が行なわれた。

そして、自・社・さ連立、村山首班で行くことが決まったのである。

二九日の夜、衆参両院本会議で行なわれた首班指名は、衆議院では第一回投票で村山二四一、海部二二〇と過半数に達しなかったため、村山・海部の決選投票の結果、村山二六一、海部二一四で村山に決まり、参院では一回の投票で村山。こうしてあっさりと村山首相が誕生したのである。

一九九四年六月三〇日、村山内閣が発足した。

一九四七年の片山哲内閣以来、四七年ぶりの社会党首相の登場であった。

自社さ政権・村山内閣の誕生

率直に言って私は、村山内閣には、なんの衝撃性もなく、期待を抱かなかった。

政権をつくって何をするかという政権ではなく、政権づくり自体が、もっと言えばそれだけが目標の政権だったのではないか。村山内閣発足後まもなく、自民党の若い幹部が公然と私に言った。

「村山内閣は定年内閣で、村山首相をはじめ、野坂建設大臣、山口(鶴男)総務庁長官、大出(俊)郵政大臣、浜本(万三)労働大臣と、社会党の閣僚は、全員社会党の定めた定年の七〇歳を超えている。ということは次の総選挙ができない。選挙までの暫定内閣で、放っておいてもいずれ自民党政権になるわけだ」

つまり、いきなり自民党政権となると、世論の反発が強く、社会党も連立に乗りにくいので、暫定的、というより自民党が政権を取るための過渡的政権として村山内閣をつくったのだというのである。

七月三日の「サンデープロジェクト」に出演した羽田孜（新生党党首）は、当然ながら村山内閣をこきおろした。

「私はまず、あきれた無節操政権だと言いたい。かつて自民党は、われわれが細川連立政権をつくったとき、自民党から抜け出た一派が、ずっと対立して来た社会党や、政治理念の違うはずの公明党や民社党と組んだ無節操政権だとさんざん批判した。だが、われわれには、自民党がやると言いながらできなかった政治改革をやり遂げるのだという、明快な共通の目標があった。ところが、村山内閣にどんな目標があるのか。政策協議を詰めることもなく、政権を取りたい一心で、日米安保、自衛隊、原発など根本問題で大きな違いを残しながら、数合わせのためにだけ一緒になった。国民を愚弄する、恥じらいもない野合政権……。野合政権の見本のようなあきれた政権だ」

当時、羽田と小沢の気持ちはすでに離反していたが、両者とも、「こんな野合政権は、すぐに矛盾が噴出してガタガタになり、自滅する」と信じ込んでいた点では一致していた。

だが、自・社・さ連立の村山政権を「無節操」「恥じらいなき野合政権」という批判や非難は新聞にもテレビにもあまり出ず、むしろ、村山首相、河野洋平外相、武村正義蔵相の三者にスポットをあて、「護憲、ハト派、リベラル政権」だと評価する声が多かった。さらに、一九七二年に田中角栄内閣が出現して以来羽田内閣まで二〇年以上、田中派——経世会が実質的に牛耳る政権が続いたのだが、「今度はじめて本当の意味での非田中政権が誕生した」と指摘する記者が少なからずいた。

確かに、河野、武村などは田中角栄のイメージとは程遠い政治家である。

そして、羽田が、根本的大矛盾だと指摘した問題について、村山首相は、就任から三週間が過ぎた七月二〇日、国会での答弁で基本政策の「歴史的大転換」を、あっさりとやってしまったのだ。

村山首相は、衆院本会議の代表質問に答えて、「わが国の安全を確保していくためには、日米安保条約は必要、自衛隊は合憲、つまり認める。原発も認める。日の丸が国旗、君が代が国歌であるという認識は国民に定着しており、私もそれを尊重する」と、躊躇なく述べたのである。

これで、自民党との基本的矛盾は一挙になくなってしまった。だが、その「大転換」は村山内閣の運営を容易にはしたが、社会党の存在理由は希薄になり、危機感を抱く党員が少なくなかったようだ。

ところで、この年の一〇月二三日に「サンデープロジェクト」に出演した加藤紘一（当時、自民党政調会長）は、村山内閣の存在意義について、次のように強調した。

「私は、村山内閣は、第二次自社政権だと考えています。あの細川内閣が実は第一次自社政権でしたね。反自民政権だと言われたけど、それを声高に言っていたのは、いずれも自民党の本社の社長室にいた人々でしてね。羽田、小沢、それに奥田敬和、細川さん自身もそうです。その第一次自社政権で、社会党は、政権与党というものをずいぶん学習した。政権与党は、批判だけをしているわけにはいかない。いわば大人になった。ところが第一次自社政権は、いわゆる一・一コンビが何ごとも決めていて、社会党は、いわば「下駄の雪」で、はっきり言えば員数合わせとして使われただけであった。だが、第二次自社政権は違います。自民党も野党を経験してずいぶん変わりました。傲慢さがなくなった。まず、社会党を大事なパートナーとして認めていて、だからぎくしゃくが起きない。私は村山内閣を現実的なリベラル政権だと考えています」

私は、加藤の話を聞きながら、村山政権は野合政権ではあるが、もしかすると新しい路線、新しい政治を示し得るかもしれないと思った。

たとえば、一九九四年七月に羽田内閣の下で凍結されていた公共料金の引き上げを決め、九月二二日には、消費税の一九九七年四月からの引き上げを決定した。そして一二月には、経営破綻した二信組救済のための東京共同銀行を設立することを決め、曲がりなりにも救済のスキーム(枠組み)づくりをスタートさせた。

さらに、九五年度の予算編成も、細川内閣では越年となったのに対して一二月二〇日に、大蔵原案を発表、二五日に政権案決定と、順調に進んだ。

だが、翌一九九五年に入ると、村山内閣の気力を萎えさせる出来事が、次々に起きた。

もっとも、八月一五日の首相談話では「(アジア諸国の人々に)あらためて痛切な反省の意を表し、心からお詫びの気持を表明する」とリベラル政権としての姿勢を示している。

「まず、一月の阪神淡路大震災です。あれで約六四〇〇人が亡くなり、続いてオウム真理教による地下鉄サリン事件が起きた。さらに、東京協和、安全信用の二信組だけでなく、コスモ信組、兵庫銀行、木津信組、大手の信託銀行などが、いずれも経営破綻に陥っていた。これで村山首相は心身ともにボロボロになってしまった」

加藤紘一の説明である。

しかし、このとき村山首相を最も萎えさせたのは、住専七社の経営破綻であった。住専は銀行の過剰な融資を避けるために「不動産融資総量規制」というルールをつくったとき、この規制の枠外にされた。これにより、銀行業界が住専に融資し、住専が不動産業者に融資するという迂回路をつくることになり、莫大な融資が流れ込んでしまったのだ。

この年の秋になると、村山首相は、腹を割って話せる武村蔵相に「辞めたい」と、くり返し言うようになり、一九九六年一月五日、本当に辞意を表明したのである。

第8章　橋本龍太郎の「変革と創造」

一九九六年一月一一日、自民党橋本龍太郎が、八二代、五三人目の首相に選ばれた。一月五日に、村山富市首相が突然退陣を表明し、その後を受けたのである。

村山内閣は、一九九五年一月一七日の阪神淡路大震災（死者約六四〇〇人）、三月二〇日のオウム真理教による地下鉄サリン事件（一三人死亡、六〇〇〇人以上が負傷）、さらに函館のハイジャック事件、そして九月には、沖縄で女子小学生が米海兵隊員三人にレイプされて沖縄県民の怒りが頂点に達するなど、次々に難事件に襲われた。社会党委員長として政権政党を批判することに精力のほとんどを費やし、準備もないまま自民党によって首相に担ぎ上げられた村山にとっては荷が重すぎた。さらに住専問題で六八五〇億円の公的資金投入に追い込まれ、そのうえ九六年度は国・公債など国・地方を合わせた債務の残高が約四五〇兆円に達することが判明して、金融・財政の知識などまるでない村山は首相を続ける気力を失してしまったのである。

もっとも、慌ただしく発足した橋本内閣の支持率は朝日新聞調査の六一パーセントをはじめ、各紙とも六〇パーセント前後と、細川内閣に次ぐ高支持率であった。橋本は政界きっての政策通であり、通産大臣時代に日米自動車交渉でＵＳＴＲ(米通商代表部)代表のミッキー・カンターとやり合って日本の主張を通させたという実績もある。村山内閣のもたつき、阪神淡路大震災でも沖縄の少女暴行事件でも対応が遅いことに痺れをきらしていた国民の多くが、橋本内閣を、いわば「本格政権」として期待したのである。

橋本は、一月二二日の施政方針演説で、「私が国会に議席をいただきました昭和三八(一九六三)年には一五三人にすぎなかった一〇〇歳以上人口がいまや六〇〇〇人を超え、その間に出生数は一六五万人から約一二〇万人(一九九六年の合計特殊出生率一・四三)に大幅に減少しています」と、少子高齢化社会に突入していることを訴えた。少子高齢化になれば、福祉・年金、税制などを抜本的に改革せざるを得ないのだが、歴代内閣はそのことにはまったく手をつけていなかった。橋本は、その危機感と、改革への強い意志を力説したのだった。橋本は「一人一人の国民が、みずからの将来に夢や目標を抱き、日本人に生まれたことに誇りと自信を持つことができ、そして世界の人々とともに分かち合える価値をつくり出すことのできる、そういう国家にしたい」と強調した。

橋本首相の秘書官であり、橋本が最も信頼していた江田憲司(衆議院議員六期・現在は立憲民主党)は、「橋本内閣の旗印は「改革創造内閣」だった」と説明する。

「改革だけでは細川政権と同じです。代わり映えしない。わが政権は、ただ政府の制度を打ち壊すだけではなくて、新しい二一世紀型のシステムを創造するのだという意味を込めたのです。その後、さらに改革という言葉は陳腐なので変革に変えました」

中曽根臨調のとき、中曽根首相が橋本を頼りにしたことは政界の神話になっている。だが、橋本は自分の知識をひけらかしすぎる、人の言うことを聞かない、胸襟を開いて話すということがない、という批判も少なくない。つまりは人間味がないということだ。

その点で、江田は興味深い体験を披露した。

「ぼくは、村山内閣の一九九四年六月に通産官僚(経済協力室長)として、通産大臣になった橋本さんの秘書官になったのです。それまでは正直いって、強面でいつも胸を張っていて怖い、とっつきにくい、という印象を持っていました。ところが、会った途端にすっかり変わりました」

江田が通産大臣室に挨拶に行くと、橋本はいきなり、「ぼくのおもりは大変だぜ。君の役所のことなんて何も知らねえよ」と一発かました。江田は、噂通りやっかいな人物だと怯《ひる》んだ。ところが、江田が官邸に行くために大臣公用車で橋本の横に座ると、「ところで君は、どこの出身なの?」と、かっこうをつけない普通の口調で問うた。そして江田が「実は岡山なんです」と答えると、「おー、ぼくと同郷なのか」と、すぐに自動車電話を取り、「ママ、ママ、今度秘書官になってくださった江田さんは、ぼくと同郷なんだってよ」と久美子夫人に、興奮気味に話をしたという。

江田は「橋本さんは生来照れ性で、しかも人見知りが激しい方だが、いったん仲間だと認めると、驚くほど厚い信頼を寄せる人物です」と説明した。そのとき江田は三八歳で、ずば抜けて若い秘書官であった。

「痛みを伴う改革」に真っ向挑む

ところで、橋本がやりたかったのは行政改革であった。

私は、後に、官邸機能強化会議座長などを務めた石原信雄（元官房副長官）に、「橋本内閣の行革とは具体的に何を目指すのか」と直接聞いた。

「はっきりといえば、思い切った地方分権の推進です。日本は伝統的に中央集権で、人口減少、少子高齢化になると、どんどん東京に人口が集まって地方が過疎化する。だから地方分権を思い切って推進するために、中央省庁の仕事を減らして地方に移し、中央省庁の公務員の数を削減しようとしたのです」

中央省庁の官僚たちは橋本内閣の行革に賛成の意を表明した。ただし、橋本内閣の行革は木や枝を見ていて森自体を見ていない。森自体の行革が必要だ、と主張した。

そして、森自体の行革とは、省庁の数を減らすことだ、というのである。省庁の数を減らすという行革には、橋本がつくった直轄の審議会もマスメディアの多くも賛成した。そして、明治以来の二二省庁が、一府一二省庁となった。

ただし、公務員の数も仕事の量も減らなかったので、一省庁が大きくなりすぎて、大臣など政治家たちでは掌握できなくなってしまった。官僚たちの反乱にかき回されたわけである。

出足は好調だった橋本内閣の支持率だが、わずか二カ月で三六パーセント（朝日新聞三月一二日、読売新聞三月二七日では四四・八パーセント）に急落してしまった。

一つの要因は、住専問題であった。六八五〇億円の税金投入を決めたのは村山内閣であったが、橋本内閣で住専予算を国会で成立させなければならなかった。いわば村山内閣の負の遺産である。

マスメディア、そして世論は、六八五〇億円の税金投入を、無責任な失敗だと、悪の権化のように批判した。小沢一郎率いる新進党は、議員たちがピケをはって、橋本以下閣僚たちの衆院予算委員会への入室を拒み続けた。ピケは昼夜を分かたず、二二日間、計五一八時間に及んだ。委員会室にピケをはって入室を拒むというのは、国会史上例のない出来事であった。

もう一つは、村山内閣時代に起きた沖縄の少女暴行事件で、沖縄県民の米軍基地への苛立ちが爆発点に達していたことによる。マスメディア、そして国民世論も、政府の姿勢の煮え切らなさを痛烈に批判した。橋本の強気、そしてポマードで塗り固めたリーゼントまでが反感を買った。

だが、新進党は三月二五日にピケを解除し、潮が引くように国会の緊張が解けた。舞台裏で小沢一郎と話をつけたのは官房長官の梶山静六であった。梶山は、「政治が最高の道楽」といい切っていた人物で、二人は気脈を通じていたのである。

難航していた一九九六年度予算案は、四月一一日に衆院を通過した。そして翌一二日に、沖縄の米軍基地削減の焦点となっていた普天間飛行場の返還が決まった。橋本首相とウォルター・モンデール駐日大使が共同で記者会見し、「五〜七年以内に全面返還する」と発表したのである。普天間問題はその後難航して、現在も見通しがたっていないが、「橋本・モンデール発表」は、少なくともその時点では快挙と言えた。

村山内閣の二つの遺産を処理したことで、五月には橋本内閣の支持率は四四パーセント（朝日新聞、五月一五日）に跳ね上がった。そこで橋本内閣は「変革と創造」に全力を集中することになった。そして選挙に向けて、従来の財政出動や減税による景気浮揚ではなく、財政再建を視野に入れた「痛みを伴う改革」が必要だと真っ向から打ち上げた。

後に、橋本の経済失政の根拠として、一九九七年四月に三パーセントだった消費税を五パーセントに引き上げたことが指摘されることになったが、消費税二パーセント引き上げを決めたのは村山内閣である。橋本内閣はそれを実施したに過ぎない。だが総選挙中も、不利を承知で橋本は消費税引き上げを臆さず、明確に表明し続けた。

そして一九九六年一〇月二〇日、国民の審判が下った。

自民党は、過半数には達しなかったが、前回（一九九三年七月）より二八議席増やして二三九議席を獲得した。新進党は一五六議席にとどまり、社民党は一五議席と半減した。民主党は五二議席で増えも減りもしなかった。

この年の暮れに、二大政党への展望を失った新進党は、羽田孜たちが離党。翌年の暮れには小沢自身が分党して新進党は解体した。

橋本退陣へのレール

なお、総選挙が終わった四日後に、橋本首相は金融ビッグバンを打ち出した。戦時体制以来続いてきた護送船団方式を解体して、金融市場を自由化したのである。

一一月に入って、橋本内閣は財政構造改革の骨格をつくる作業を始めた。だが、財政構造改革は決して橋本内閣の独走ではなかった。

一九九七年一月二一日、第一回目の財政構造改革会議が開かれた。中曽根康弘、竹下登、宮澤喜一などの歴代首相から武村正義などの大蔵大臣経験者が招かれたが、誰一人政府案に反対の意を示さなかった。江田憲司が次のように説明した。

「中曽根元首相、武村元蔵相などは、橋本案は生ぬるすぎると主張しました。竹下元首相は「通常、予算編成というのは枝振りを考えがちだが、もう考えなくていい」と発言しました。その結果、当初案は赤字国債の発行をゼロにするのは二〇〇五年からとなっていたのを、二〇〇三年からに前倒しした。一九九六年度の赤字国債が一一兆円ですから、これは大変なことです。しかし、ケインジアンの宮澤元首相まで賛成していました」

そして四月一日、消費税が三パーセントから五パーセントに引き上げられ、企業従業員の健康保険本人負担分が二割に引き上げられた。国民負担額が九兆円増加することになり、特別減税も打ち切られた。

ところが一一月三日、準大手の三洋証券が会社更生法の適用を申請した。これが金融パニックの火付け役となった。

さらに三洋証券の破綻の後、一一月一七日に、北海道拓殖銀行の資金繰りが破綻してしまうという出来事が起き、一一月二四日には四大証券の一つ山一證券が自主廃業に追い込まれた。そして全国的に取り付け騒ぎが発生する気配が濃くなった。

橋本内閣は、そんな逆風の中で一九九八年七月一二日の参院選挙を行なわなければならなかった。選挙の課題は、何よりも景気回復だった。野党は、いずれも景気回復のために大幅な恒久減税を実施すべきだと主張していた。だが、橋本首相は恒久減税を口に出さなかった。財源の見当がつかなかったためである。

ところが、選挙戦の形勢が不利だと知った橋本首相は、七月三日に熊本市での記者会見で、「所得課税のあり方を聖域なく見直す。結論として出てくるものが特別減税のような姿ではなく、恒久的な税制改革として打ち出されることを期待している」と表明した。この発言を、新聞各紙は「恒久減税の意向表明」（朝日新聞）、「首相、恒久減税を表明」（読売新聞）と大きく報じた。

そして五日に、中継で「サンデープロジェクト」に出演した橋本首相に、私は、「恒久減税をした場合、財源はどうするのか」と問うた。すると橋本首相は、「私は恒久的な税制改革をやると言っているのであって、恒久減税をやるとは言っていない」と答えた。

私が「恒久減税はやらないのか」と質すと、「だから、恒久的税制改革をやると言っている」と答え、さらに「それでは各新聞は全く誤報なのか」と質すと、「だから、私は恒久的税制改革をやると言っている」とくり返し、私が「国民はその答えは逃げだと捉えますよ」と質すと、橋本首相は口を閉ざし、苦しそうに顔をしかめて汗を流しつづけた。

翌日の朝日新聞は「自民迷走」と大きく報じ、読売新聞も「首相公約か否か、野党党首ら一気に反発」と報じた。

そして迷走の挙げ句、橋本首相は八日の夕刻、「恒久減税を来年(一九九九年)から実施する」と表明したが、翌日、各紙は「泥縄の決断」だと報じ、一二日の参院選で、自民党は改選前の六一議席から四四議席に激減した。惨敗である。そして、一三日に橋本首相は退陣を表明した。私は、「田原が橋本首相を失脚に追い込んだ」という賛否両論の声を数多く聞かされた。

小渕内閣が見せた外交手腕

一九九八年七月三〇日、小渕派の領袖《りょうしゅう》である小渕恵三が首相となった。

この年四〜六月のGDPの伸び率は前年に比べてマイナス一・一パーセント。一〜三月のマイナス一・〇パーセントに続いて二期連続のマイナス成長であった。

六月一二日、東証の日経平均株価は一万五〇二二円で、前年同日の二万五六四円に比べ五五四二円も下落し、国民銀行、幸福銀行、新潟中央銀行など中小の金融機関の破綻が相次いで起きていた。

小渕首相は、最初の二年間は、何よりも需要の喚起、雇用と起業の拡大に専念すると強調し、橋本首相が政治生命を賭けて一九九七年一一月に成立させた財政構造改革法を凍結させた。この法律が日本経済を破綻の淵に追い込んだ「悪の権化」とされていたのである。

それより前に、小渕内閣は不況の連鎖を断つために緊急対策として総事業規模二四兆円の実施を打ち出した。一九九九年度予算では、公共事業を前年に比べて一一パーセント増加させ、税制面では総額で九兆円を超える減税を敢行した。

小渕首相は、一年八カ月の在任中に約八四兆円の国債を発行し、一九九九年度の国債発行額は三八兆六〇〇〇億円と、有史以来はじめて三五兆円を超えた。この年の予算の国債依存度は四三・四パーセントで、公・国債残高は約六〇〇兆円と明らかに異常な数字である。

だが、当時大蔵省財務官だった榊原英資は次のように語った。

「小渕首相は「ぼくは世界一の借金王だ」と皮肉交じりに言っていますが、私はやむを得なかったと思います。国債残高が増えるのは子どもや孫に借金を押し付けることで深刻な問題です。しかし財政再建や不良債権処理という大手術をするためには、その前に患者に、耐えられる体力をつけさせておかねばならない。手術は成功したが患者が死んだのでは意味がない。小渕内閣がやったのは大手術の前の体力付けなのですよ」

また、橋本内閣では参院選で与野党逆転となり重要な政策が成立しにくかったので、体力付けのために、小渕内閣は、公明党、自由党と連立を組むことになった。野中広務官房長官などが苦労してまとめたのである。

そして、高村正彦外相や、額賀福志郎防衛庁長官などが根回しをして、一九九八年一〇月八日、国賓として日本に公式訪問した韓国の金大中《キムデジュン》大統領と、小渕首相との首脳会談が行なわれて、日韓共同宣言が発表された。

さらに金大中大統領は、日韓両国が過去の不幸な歴史を乗り越えて、和解と善隣友好協力に基づいた未来志向的な関係を発展させるためにお互いに努力することが時代の要請だ、と強調した。

小渕首相が、我が国が過去の一時期、植民地支配によって韓国国民に多大の損害と苦痛を与えたという歴史的事実を謙虚に受けとめて、これに対して痛切な反省と心からのお詫びを述べたことを、金大中大統領は真摯に受けとめて、高く評価したわけだ。

この首脳会談によって、戦後もギクシャクしつづけてきた日韓両国が、「二一世紀に向けて新たなパートナーシップを組む」ことが固まったのである。

小渕首相が行なった仕事で私が強い印象を覚えたのは、沖縄サミットの閣議決定である。沖縄の米軍基地問題で全力投球した野中官房長官は『野中広務　全回顧録　老兵は死なず』(文藝春秋)の中で、次のように書いている。

小渕さんの沖縄への思いもまた、特別なものがあった。若い頃から強い関心を持っていたようで、早稲田の学生時代にも幾度も沖縄を訪れたという。

中でも何度も話しておられたのが、先の大戦で帝国海軍沖縄方面根拠地隊約一万人を率いた、大田実司令官の逸話である。

一九四五年六月六日、玉砕を覚悟した大田司令官は、海軍次官あてに異例の電報を打つ。電文は壮絶な戦闘の模様を伝えた後、こう結んでいたという。

「糧食六月一杯ヲ支フルノミナリト謂フ

沖縄県民斯ク戦ヘリ

県民ニ対シ後世特別ノ御高配ヲ賜ランコトヲ」

この大田司令官の娘さんがニュージーランドに在住していると聞いて、小渕さんはニュージーランドを訪問した際に、その娘さんと面会している。

二〇〇〇年七月に日本で開催されたサミット（主要国首脳会議）の公式名称は「九州・沖縄サミット」だが、一般には沖縄サミットと呼ばれている。各国の首脳が参加する最終開催地を沖縄に決めたのは、小渕首相の強い希望があったからだ。

沖縄でサミットを開催することが決まった時、小渕さんは私にも、

「この決定は大田司令官の電報に対する返事でもあるんだ」

と話しておられたものだ。〔中略〕

沖縄の名護市に、新たに会場が作られることになった。〔中略〕二人とも〔野中と小渕〕、橋本

政権時代に職を辞して海上ヘリポート基地を受け入れてくれた名護市長の比嘉〔鉄也〕さんらの思いに、少しでも応えたいと願っていたのだ。

悲運に消えた森喜朗内閣

ところで、一九九九年度のGDPは前年に比べて〇・七パーセント伸び、二〇〇〇年度は一・五パーセント成長となった。そして東証の日経平均株価も一九九九年一一月二四日には一年三カ月ぶりに一時一万九〇〇〇円台となり、前年同期より約四〇〇〇円上昇した。二〇〇〇年二月九日には終値二万七円と、二万円台に復活している。日本経済という患者の体力は戻ったわけだ。

小渕首相は、体力をつけた後は、榊原が指摘したように大手術を考えていたようだ。

だが、二〇〇〇年四月二日未明、小渕首相は脳梗塞で倒れて入院し、五月一四日に亡くなってしまった。

実は、小渕首相が倒れる六日前、私は、七月の沖縄サミットの会場に隣接したホテルで、小渕首相に約二時間インタビューしたのである。小渕首相は、サミットと日本経済の大手術への決意を熱を込めて語った。

だが、小渕首相の肉体的疲労が尋常ならぬ状態にあるように見えたので、「毎晩五時間寝ていますか」と問うと、「五時間寝るのが夢だが、夢には程遠いね」と苦笑いしながら話した。小渕首相は一体、なぜそのように無理をしなければならなかったのか。後に、野中広務、当時の官房長官から、私たちが全く知らなかった秘話を聞かされた。

二〇〇〇年の三月五日に、小渕首相から野中へ悩みの電話がかかって来た。

「小沢さんが、小渕さんに「自民党を解体して欲しい。自由党も解体するから、合流して大保守連合を作ろう」といってきたというのですよ。昭和三〇年に先輩たちが作った自民党を解体などできるわけがない。しかも小沢さんは、その自民党を足蹴にして出て行ったのですよ。だけど、それをやらなかったら連立解消だと迫ったのですよ」

小沢一郎は、その後も、「自民党を解体せよ。それをやらないなら連立解消だ」と、本気の脅しの電話を何度もかけてきて、小渕首相は、悩みに悩み、困りきっていたのだというのである。

「小沢さんが、どうしても二人で直接話したいと強く求めて、四月一日の夜話し合いが持たれたのですが、そこで小沢さんは、大保守連合が作れないのならば連立解消だと宣言したようで、その直後に、小渕首相に対するテレビのインタビューがあって、その途中で、小渕首相は話せなくなってしまった。そして順天堂に緊急入院したのです」

小渕首相が緊急入院したということで、深夜に、自民党幹部たちが赤坂プリンスホテルに集まった。

青木幹雄、村上正邦、野中広務、亀井静香、そして森喜朗など党五役によって、当初は首相代理を誰にするかという話し合いが行なわれたのだが、小渕首相の病状が悪化して昏睡状態となり、続投が困難と判断せざるを得なくなり、後継を誰にするかを決めなくてはならなくなった。

しばらく重い沈黙が続いた後、村上正邦（参議院会長）が、森幹事長に「あんたがやるよりしょうがないのではないか」といい、亀井（政調会長）や青木（官房長官）などがそれに同意した形で、森後継が決まった。そして五日に自民党の両院議員総会が開かれて、森総裁が正式に承認された。

ところが、野党も、そしてマスメディアも森首相の決まり方に大批判を浴びせた。世論も大反発であった。

これまで数代の自民党総裁は、全議員と党員の投票による総裁選によって決められてきたのに、五役の密室談合は認め難い、というわけだ。

野中広務は、後に私に、「あのときは首相が脳梗塞で倒れて、政治判断のできる状態ではなかった。もし党大会を開いたり、総裁予備選挙をやっていたりすれば、少なくとも一カ月は、首相不在の政治的空白が続く。それはできないというのが私たちの判断だった」と話した。

森首相自身も、「私はメディアから「密室談合で選ばれた首相」と批判された。こうした批判は全く的外れである。現職首相が意識不明の重体になるという前代未聞の事態に直面して、のんびり総選挙をやるのは国家の危機管理上からも許されない。役員会、総務会の了承を経て地方代表も参加した両院議員総会で決定したので、手続き的にも瑕疵は全くなかった」（『私の履歴書　森喜朗回顧録』日本経済新聞出版社）と書いている。

実は、野中、森の両者を含めて五人の党幹部は、批判が起きた当時から、「密室談合などではない」とそれぞれ釈明したが、それが逆に密室談合を正当化しようとするとんでもない妄言だとされて、批判の勢いは倍増した。

そして世論は森首相の存在自体に否定的になり、森首相の言動には、ことごとく批判が浴びせられた。

たとえば、小渕前首相が逝去した翌日、五月一五日に行なわれた神道政治連盟の懇談会では、森首相が「日本は天皇中心の神の国」と語った、これは憲法違反だ、と大批判がわき起こったのだが、実は森首相は、「日本は八百万の神々の国である」として、観音や親鸞や日蓮、そして聖母マリアのことまで話していたのに、マスメディアは意図的に外してしまったのである。なお、私の「サンデープロジェクト」では、意図的に外しはしなかった。

また新潟での演説で、有権者の四割を無党派層に占められていることに触れて、森首相が「こういう人たちが最後の二日前になって、どういう投票行動を取るのか。そのまま関心がないといって寝てしまってくれればいいのですが、そうはいきませんよね」といったことが、「無党派層をばかにしている」「民主主義の否定だ」と大攻撃された。

森首相はサービス精神が旺盛な人物で、「初当選のとき、公認は取れなかったが、党本部で田中幹事長は、何もいわず、強引に背広の両方のポケットに五〇〇万円をねじ込んだ。私は福田派に入るつもりなので、福田邸に行くと、客間の上座に座らせられて、三枝夫人の手料理を御馳走になった。だが、私が期待していたのは、もちろん少なからぬ金一封だったが、待てども待てども、反応は全くなかったね」などと苦笑いして言った。

新潟でも、冗談を言って聴衆の笑いを取ろうと思ったのだろうが、冗談が通じる状況ではなかったのだ。

また、記者会見でも、森首相は記者たちの質問に丁寧に応じた。歴代首相より時間を取ったつもりで、「これで終わりだ」というと、記者たちが、さらにいくつも質問をぶつける。そこで「うるさい」というと、その言葉だけが、新聞でもテレビでも取り上げられた。

そうした中で、二〇〇〇年六月二五日に総選挙の投票が行なわれた。森自民党は、議席数を減らしはしたが、二三三議席で、公明党の三一議席と合わせて何とか過半数には達した。森内閣は続くことになった。

そして七月二一日から、沖縄で第二六回主要国首脳会議が開催された。小渕前首相が定めた沖縄サミットである。

この時のサミットのテーマの一つが、感染症対策であった。そこで森首相は、アフリカの代表をサミットに招くために、東京に南アフリカのタボ・ムベキ大統領、ナイジェリアのオルシェグン・オバサンジョ大統領、アルジェリアのアブデルアジズ・ブーテフリカ大統領などを招待した。また、中間的な途上国の代表としてタイのチュワン・リークパイ首相に東京に来ることを求めた。

東京でアフリカ首脳とサミット参加国首脳の会談が実現し、アフリカ問題や感染症対策を協議できたことを、アフリカの首脳たちは非常に喜んだようだ。そしてサミット参加国首脳は、東京から沖縄に飛んだ。

沖縄サミットは森首相が議長役を務めて、ＩＴ、経済再生、感染症対策などが討議されたようである。森首相は「実り多い討議が重ねられた」と、私に語った。

サミット後、森首相は、ＩＴ振興を経済再生策の軸に据えるために、竹中平蔵、村井純などの慶大教授や牛尾治朗をブレーンにした非公開の勉強会をつくり、「ＩＴ戦略本部」を立ち上げた。五年以内に、世界最先端のＩＴ国家になるという目標を掲げたのである。

ところが、二〇〇一年二月一〇日に、宇和島水産高校の実習船「えひめ丸」が、ハワイのオアフ島沖で、アメリカの原潜に衝突されて、高校生四人を含む九人が死亡するという事故が起きた。

そして、この日森首相は戸塚カントリー倶楽部でゴルフをしていたのだが、秘書官たちに休暇を出していたために、事故が連絡されず、森首相はテレビなどで事故が報じられた後もゴルフを続けていた。その後、「えひめ丸事故」が伝えられたのだが、それでもゴルフを続けていたということで、非難は決定的となった。

テレビ各局は、森首相がのんきそうにゴルフをしている映像をくり返し流した。ただし、これは半年前の、マスメディアへのサービスのためのゴルフプレイだったのである。

後に、私は森喜朗から、自分が受けた連絡は、「日本の船が事故にあったということだけで、詳細がわかるまで、そこで待っていてくださいというものだった」と聞かされた。そして森首相は、詳細を待たず、ゴルフはハーフでやめて東京の自宅に戻り、着替えをして、首相官邸で事故対応にあたったのだという。

だが、内閣支持率は一〇パーセントを切り、批判は自民党内部でもひろまって、結局三月には辞意を表明せざるを得なくなった。

私は、森喜朗は何とも不運な首相であった、と捉えている。彼は、きわめてバランス感覚のある政治家で、幹事長時代は頼りにできる仕事師として、与野党から信頼されていたのである。森喜朗が後援者などから頼まれて書く言葉は、「滅私奉公」であった。

第9章　小泉純一郎　「改革」への信念

「自民党をぶっ壊す」

二〇〇一年の自民党総裁選を間近に控えたあるとき、私は、自民党の中川秀直に誘われて食事をした。

中川は当時、第二次森内閣で内閣官房長官を務めていた人物で、その後も自民党幹事長や政調会長を歴任している。赤坂の「津やま」という小料理屋の二階で、私は酒が飲めないのでゆっくりと和食を味わっていると、中川が切り出した。

「今、小泉純一郎が総裁選に出るべきかどうか、迷っているところです。田原さんどう思いますか」

小泉は、一九九五年と九八年の総裁選に出馬して、いずれもほとんど得票できずに惨敗している。もし今回また総裁選に臨むなら、これが三度目の正直にならなくてはいけないだろう。

私はしばらく考えた。田中角栄以降、森喜朗内閣に至るまで、歴代の自民党首相は、ほぼ田中派に属しているか、またはその応援を全面的に得ている政治家たちだ。

田中角栄が金脈問題で総辞職した後、俗にいう「椎名裁定」で指名されたのが三木武夫。それから福田、大平、鈴木、中曽根と続き、田中派の派中派である経世会が発足してリーダーの竹下登が就任。リクルート事件で竹下政権が倒れ、続く宇野、海部、宮澤は、いずれも経世会(現在の平成研究会)の支持を受けている。

非自民党政権の細川、羽田、そして自社さ(さきがけ)連立政権の村山を経て、再び自民党政権になり橋本、小渕、森と、いずれも田中派から出た経世会の流れを汲む実力者たちの話し合いにより、首相が決められてきた。そして、このような密室談合政治のあり方に対しては、自民党内でも変えなければならないという気持ちが強いのではないか、と私は捉えていたのである。

そこで私は、

「もしも小泉さんに、田中派と全面的に戦うとか、本気で田中派経世会をぶっつぶすという覚悟があるのなら、僕は小泉さんを支持してもいいよ」

と中川に言ってみた。

「本当ですか?」

「そうです。しかし、それを実際にやろうとしたら、暗殺されるかもしれない。政治家として続けられない危険性が高い。それでもやるというなら、僕は応援したいね」

中川は再度「本当ですか？」と念を押した上で、「ちょっと待っていてください」と言って階段を降りていった。

けっしていい加減なことを言ったのではないが、この時点ではまだ私も本気でこれが実現すると思っていたわけではなかった。ただ、この閉塞した状況は変えなければならない。「派閥政治をぶっつぶす政治家を支持したい」というのは、本当の気持ちだった。

少しして、中川が階段を上がってきた。その後ろには小泉純一郎の姿があった。

「田原さん、さっき言ったことを、もう一度、本人の目の前で言ってくれませんか」

座るやいなや、中川がこう言った。こうなったらしかたがない。私は小泉純一郎を目の前に、同じことをくり返した。

「あなたがもし田中派経世会とまともにけんかをして田中派をぶっつぶすと言うなら、僕は支持するよ。だけどそれをやったら、あなたは暗殺される、というより政治家として続けられない危険性が高いよ」

すると、小泉は、「やる。殺されてもやる」と言った。

正直に言うと、私はこのときまでは、小泉純一郎にそれほどの強い思いを抱いたことはなかった。経世会打倒を目指したＹＫＫ（山崎拓、加藤紘一、小泉純一郎）には、何度かテレビ朝日の「サンデープロジェクト」に出演してもらったが、その三人の中で、小泉は印象の薄い人物だと感じていた。しかし、このときから小泉はどんどん強烈になっていった。

そして、総裁選への出馬表明で、小泉は「自民党をぶっ壊す」と言ったのだ。自民党の総裁選なのに、である。

このとき、私は「小泉というのは言葉の天才だ」と思った。確かに、「田中派をぶっつぶす」とか「経世会をぶっ壊す」などと言ったって、一般の人にはピンとこないだろう。「自民党をぶっ壊す」の方が、はるかにわかりやすくて強烈である。

ところで、このときの総裁選には元首相の橋本龍太郎が出馬していて、亀井静香が橋本と組むことになっていた。そして亀井が橋本と組めば、ほぼ間違いなく橋本が総裁に当選する。

そこで、小泉を支持する中川と安倍晋三が、亀井を懸命に説得した。

「橋本と組んでも、橋本が首相になれば、橋本流の政治を行なうだろうが、もしも小泉の応援をしてくださって、小泉が首相になれば、一〇〇パーセント、亀井さんの言う通りにする。亀井さんが首相になったと同じことだ」と説得し、亀井は全面的に小泉を応援することになったのである。

そして、小泉は首相になった。

ところが、首相になった小泉は、この約束を一〇〇パーセント裏切った。亀井の言うことを聞くどころか、まったく相談にも行かなかった。

こうした事情を知っていた私は、一対一で小泉首相に「問題ありではないか」と問うた。

すると、小泉首相は、

「確かに問題ありではあるが、しかし、田原さん、権力とはそういうものだ」

と答えた。私は、唖然《あぜん》としながら、あらためて小泉純一郎という政治家を見直していた。

小泉純一郎という人間

二〇〇一年五月七日、小泉首相は衆参両院の本会議で初の所信表明演説を行なった。

「構造改革なくして景気回復はない」。小泉は、まず従来の「景気回復なくして構造改革なし」の常識を一挙に逆転させた。そして先送りを一〇年近くも続けた銀行の不良債権処理を「二〜三年で完了させる」と明言し、「財政構造改革のために、〇二年度予算で国債発行を三〇兆円以内に抑えることを目標にする」とも約束した。つまり、これまでは景気回復優先で来たのを、痛みを伴う財政構造改革に軸足を移すと言い切ったのである。

そして、当初は景気が悪かったので、経済界に不満が充満していて、経済財政諮問会議の委員たちが、小泉に対して何度も景気対策を注文したのだが、小泉は全く応じない。そこで、経団連や経済同友会の幹部たちが私に、「小泉首相に、景気をよくするために努力せよと言ってほしい」と求めてきた。

「彼は、我々が何を言っても聞く耳を持たない。耳は聞こえているのだろうが、それを理解する能力がないのではないか」とまで言った。憤慨しているのである。

そこで私は、小泉首相に会い、「経団連や同友会の連中が、あなたのことを、「聞こえたことを理解する能力がないのではないか」と言っているが」と言うと、平然とした表情で、「その通りだ」と答えた。そしてこう言った。

「自分の周りにいる連中はみんな頭がいい。あるいは頭がいいと自任している人間たちです。ところが、彼らはみんな言うことがまちまちなんだ。これを全部聞いていたらノイローゼになってしまう」

周りにいる連中とは、各省庁の官僚たちである。彼らの多くは東大卒、京大卒などのエリートだが、日本の行政は縦割りだから、それぞれに違ったことを言う。各省庁が連携していないから矛盾だらけになる。

「僕の前までの総理大臣は、きっと誰もが半分ノイローゼになりながらやってきたのだと思う。僕は、頭があまりよくないし、ノイローゼになるのは嫌だから誰(官僚)の言うことも一切聞かないことにしている」

そして私に、「小泉は誰の言うことも一切聞くつもりはないようだ、と言ってほしい」と求めたのである。

小泉首相とは、こういう人間なのだ。

「痛みを伴う構造改革」の推進

小泉の「痛みを伴う構造改革」は、具体的には一〇年近くも先送りを続けていた銀行の不良債権処理を二～三年で完了させるという目標ではじまった。

小泉が最も信頼する慶應義塾大学教授(当時)の竹中平蔵が、経済財政政策担当相と金融担当相を兼任すると、不良債権問題に終止符を打つための「竹中チーム」が正式に発足。

まず、一つは銀行の資産査定の厳格化。甘い査定をしている銀行にはＤＣＦ法(ディスカウンテッド・キャッシュフロー法)を採用して、貸倒引当金の継ぎ足しを強く迫った。また、大口債権者の債権者区分を統一させた。

なかでも、金融機関や財務官僚を慌てさせたのは、「繰延税金資産」の適正化である。銀行が自己資本の中に入れている繰延税金資産の繰上げ上限を当時の五〇パーセントから一〇パーセントにまで下げるとした。もしこれをあてはめるなら、日本の金融機関はほぼどこも、国際業務を展開する資格を失って公的資金の再投入を受けざるを得なくなる。それほど厳しい内容だった。

このため、銀行は悲鳴を上げながら自己資金比率向上のため大規模増資を行ない、かつ不良債権処理を推し進めた。その結果、四大メガバンクの不良債権残高は目標通り二年間で半減している。

しかしこれを振り返ると、繰延税金資産の適正化の問題は、結局は先延ばしに終わってしまったのではないか。そのことを、橋本内閣時から金融政策に取り組んできた塩崎恭久に確かめた。すると次のような答えが返ってきた。

「そうじゃないんです。実は、繰延税金資産問題を竹中さんたちはうまく利用したのですよ。五

○パーセントを一○パーセントにするという数字の問題に関心をひきつけておいて、それを先延ばしにするという「妥協策」を打ち出し安心させた。そしてその他の部分は、全部通したのです。竹中さんたちは、五勝一引き分けだと言っていますよ」

つまり、もっとも厳しい繰延税金資産問題を先送りすることで、彼らのやりたいことは全部できたというのである。

この国では、小泉・竹中の財政改革は非常に評判が悪い。当時から多くの新聞やテレビは「竹中らが日本を滅ぼす」と書き立てた。私は、銀行の不良債権処理は必要だと捉えていたので、竹中のやり方を擁護したが、結果としては擁護したのは私一人ではなかったのか。

そもそも、それまでの自民党は大きな政府だった。政府が市場に積極的に介入し、競争を抑えて格差をなくし、社会保障制度を充実させて福祉を手厚くしていくというやり方である。

しかし、福祉を手厚くすれば、お金がかかって財政が悪化する。これで税金が少なければ、国の借金が多くなる。だから一〇〇〇兆円もの借金ができてしまったのだ。

そこで、小泉・竹中は思い切って、「大きな政府」方式を変えようと図ったのだ。これを多くのマスメディアは「新自由主義」だと批判した。

たとえば、経済学者の金子勝は、『平成経済　衰退の本質』（岩波新書）の中で、「小泉政権期の雇用規制の緩和や社会保障費の削減は個人間地域間格差を一層拡大させ、〔中略〕とりわけ若い世代で急激に非正規雇用が増加したことで、日本は新陳代謝のない社会となっていった」と指摘している。

さらに「〇四年から厚生年金保険料を毎年〇・三五四パーセントずつ引き上げ、〔中略〕国民年金保険料を毎年二八〇円ずつ引き上げ」た、つまり「社会保障・社会福祉制度の改悪を進めた」とも書いている。

靖国神社参拝を決行

小泉は、総理大臣になって何度も靖国神社に参拝している。総裁選のときから、日本遺族会などで、「いかなる批判があろうと、八月一五日の終戦記念日には必ず靖国神社に参拝する」と約束してきた。その約束を果たしているわけだが(八月一五日の参拝は二〇〇六年。他は日をずらしている)、実際に首相としての参拝には、中国や韓国から強い批判が起きてきた。

政治家、とくに総理大臣が靖国神社に参拝することが批判の対象になるのは、もちろんA級戦犯が合祀されているからである。それゆえに、合祀後は天皇も靖国には参拝していない。ところが、小泉は何度も靖国に参拝している。

そこで、「あなたは靖国にA級戦犯が合祀されているのを知らないのか」と、私は、小泉を番組に出演させて問うた。

「もちろん、知っている」

「では、A級戦犯をどう思っているんですか。そして、昭和の戦争をどう思っているんですか」

と聞くと、
「昭和の戦争は侵略戦争だよ。そしてA級戦犯はA級戦犯だ。しかし、約三〇〇万の戦争犠牲者を無視するわけにはいかないじゃないか」と答えた。

この辺が、小泉の面白いところだ。小泉は靖国神社に参拝はするが、昭和の戦争は否定し、東京裁判も肯定しているのである。

二〇一三年一二月に安倍首相が靖国参拝を行なうと、アメリカ大使館は「アメリカ政府は、日本が隣国との関係を悪化させる行動を取ったことに失望している」というコメントを発表した。安倍は東京裁判を何度も批判していたのである。小泉の靖国参拝には、アメリカは文句を言わなかった。

また、小泉は、当時官房長官だった福田康夫を軸にして、靖国に代わって、誰もが詣《もう》でることのできる「国立追悼施設」をつくるための委員会を半年ばかり続けている。結局、実現はしなかったが。

アフガン・イラク戦争での対米協力

二〇〇一年九月一一日。ニューヨークの世界貿易センタービルとワシントンのペンタゴンに旅客機が突入するという事件が起きた。約二五〇〇人の旅客を道連れにした九・一一アメリカ同時多発テロである。

アメリカ大統領のブッシュは「これはアルカイダによる民主主義に対する挑戦だ」と宣言し、アフガン戦争に突入した。首相になったばかりの小泉は直ちにワシントンに飛び、武力行使を除くあらゆる協力をするとアメリカに約束している。

この約束を実現するために作られたのが、テロ特措法である。アフガニスタンでの対テロ戦争だけに限って、米軍やＮＡＴＯの軍隊に給油活動などをするための法案であった。

その後、アメリカはフセイン独裁を叩くためにイラクへの軍事介入を開始した。フランスやドイツ、中国、ロシアなどは強く反対し、支持したイギリスでも、国内に反対の声が高かった。小泉はどうしたかというと、イラク戦争が開始されるやいなや、「アメリカの武力行使を理解し、支持する」という表明を行なっている。

後に、安倍政権の章で詳しく記すが、湾岸戦争以後、保守の学者たちの間で、アメリカとの関係をもっと緊密にしないと、日米同盟が危うくなるという危機感が強まっていたのである。

ただし、小泉は、自衛隊のイラク派遣について、「非戦闘地域」での、非武力活動に限定した。

「アメリカとしては、一緒に戦えといいたいのだろうが、難しい憲法を押しつけられたのだから、自衛隊はイラクへは水汲みにしかいけないんだ」

小泉は、私に、こう語った。

郵政民営化への信念

小泉の構造改革の目玉の一つが道路公団民営化である。ここで活躍したのが、「道路関係四公団民営化推進委員会」の七人のメンバーの一人であった猪瀬直樹だ。「国土交通大臣になることをもくろんでいる」という噂が出たぐらい、猪瀬は情熱を持ってやり通した。

官僚や族議員たちによる反発から、小泉が断固として猪瀬を守り抜いたことでこの事業が成功できたといえる。

もう一つが郵政の民営化である。

あるとき、竹中平蔵から、「小泉首相から、郵政民営化をやるから君が担当大臣になってくれと言われて困っている」という電話がかかってきた。郵政民営化は、小泉が郵政大臣であった一九九二年からの信念なのだ。

「やればいいじゃないか」と私が言うと、竹中は、「それが、小泉さんは勘違いしているのです」と言う。

「かつて小泉さんが郵政大臣の当時は、郵貯に集まる金の多くが財投(財政投融資)に投入されました。この財投というのは、官僚たちが使い放題使える、打出の小槌のような状態だった。小泉さんはそれを嫌って、財投へ入れないために郵政を民営化すると言っているのです。しかしいま、財投はきれいになりつつあって、ほとんど官僚の思い通りになるものではないのです」

そこで私が、「そのことを小泉首相に言えばいいのでは？」と言うと、

「それが……。小泉という人物は頑固で、言い出したら聞きません。何としてもやろうとします。そして私が反論したら、じゃあ他の人間にやってもらう、と言うでしょう」と答え、ここからが竹中という人間の面白いところだが、

「もし、別の人間がやったらうまくいきません。だってやる必要がないのですから……。だから私がやるしかありません」と言うのだ。

「そこで、これから郵政民営化が必要な理由を考えなければならない。三〜四週間で、必要な理由をつくりますから、田原さん聞いてくれますか」

そして四週間後、竹中から電話がかかってきて、私は、郵政民営化の理由を聞きに行くことになった。ただし、私ひとりでは判断がつきかねるかもしれないと思い、いろいろ考えて、自民党の国会議員である石原伸晃についてきてもらうことにした。彼ならば、わかる、わからないとはっきり答えるだろうと思ったからである。

そして竹中が、郵政民営化の理由を説明した。そこで、石原に「納得できるか」と問うと、「さっぱりわからない」と答えた。私自身、いま一つ納得できなかった。

結局、竹中から三度説明を聞くことになった。

これが郵政民営化のはじまりである。

当然ながら自民党の中にも反対が多かった。部会などで、郵政担当大臣となった竹中が説明すると、多くが反対した。すると総務副大臣になった菅義偉が「あなたらが総裁に選んだ人間がやると言っているのだ。反対なら総裁をクビにせよ」とまで言って、どうにか抑え込んだ。

自民党内でさえ反対が少なくないのだから、野党はほとんど反対である。それでも衆議院は何とか五票差で可決できたのだが、参議院ではとても通る見込みはなかった。

そこで、前首相の森喜朗が金曜日の夕方に総理公邸に乗り込んだ。そして小泉首相に、「どうせ参議院は通らない。だから継続審議にすべきだ。そうすれば、僕たちが何とか通るようにしてやるから」

と、参議院での採決をあきらめるように言った。

しかし、小泉は「採決する」と言い張る。

そして森が「否決されたらどうするのか」と問うと、「衆議院を解散する」と小泉は答えた。

あきれはてた森が、「君は、郵政民営化を通すのと、衆議院解散のどっちがしたいのか」と聞くと、「解散したい」と小泉は答えた。

そんなムチャクチャな解散をしたら、自民党は選挙で必ず大敗する。そんなことを絶対にさせてはならないと考えた森は、私に電話をかけてきて、日曜日の私の番組にぜひ出させてくれ、そこで小泉を大批判して参院の採決をさせなくしたい、と言い、日曜日の「サンデープロジェクト」で、森は小泉をコテンパンに非難した。

ところが、小泉首相は、月曜日に参院で採択を問うて否決されると、衆議院を解散した。

そして、天動説全盛の時代に地動説を唱えて有罪判決を受けたガリレオ・ガリレイの名言「それでも地球は動く」を引っ張り出して、郵政民営化の正当性を説いた。総裁選に立候補するときに、「自民党をぶっ壊す」と言ったように、郵政民営化に政治生命を賭ける覚悟を示したのだ。

この二〇〇五年九月の郵政解散選挙に対しては、マスメディアも自民党の幹部たちも、自民党は大苦戦すると予想していたのだが、それを裏切って、自民党は大勝した。小泉は勝負に強い政治家だと、再認識した。

電撃訪朝の舞台裏

年度は戻るが、二〇〇二年九月一七日、小泉は北朝鮮の平壌に飛び、金正日《キムジョンイル》総書記と午前と午後の二度にわたって会談を行なった。拉致問題にけりをつけるためで、日本の首相が国交のない国を訪問したのは戦後初めてのことである。

この平壌会談で金総書記は、それまで拉致事件そのものを否定していた姿勢を百八十度変え、全面的に謝罪した。そして、日本側が強く求めていた拉致被害者一三人の安否についての情報を明らかにした。五人生存、八人が死亡とされ、横田めぐみさん、有本恵子さんなどが死亡しているとされたのは大きな問題だったが、生存者とされた五人は、その後名前がわかり、翌月一五日に帰国を果たすことができた。

北朝鮮は、拉致は「英雄主義に走った特殊機関の一部が行なった犯罪行為であった」ということを認めた。また、不審船などが日本を脅かす行動についても、今後は再び生じることのないように適切な措置をとると約束した。

ここに至るまでには、外務省のアジア大洋州局長を務めていた田中均の、北朝鮮側との非常に長期にわたる交渉があった。

世界の中で孤立し経済的に行き詰まっている北朝鮮は、もし拉致問題に決着がつけば日本から経済協力をするという条件をのんだ。日朝平壌宣言は締結され、同時に二五万トンの食糧支援と一〇〇〇万ドル相当の医薬品が北朝鮮に供与されることになった。

さらに、戦後賠償の密約があり、その金額は七〇〇〇億円とも八〇〇〇億円とも言われている。

小泉はその後もう一回北朝鮮に行き、拉致被害者の子どもたちと夫の五人を連れ戻すことにも成功した。

ただし、現在も、日本はこの結果には満足していない。拉致被害者はもっといるはずということで再調査を依頼し、北朝鮮では調査中ということになっている。

それにしても、北朝鮮のような国で、国家のトップが謝罪するというのは稀有のことである。下手をするとその国の秘密工作機関や軍隊に暗殺される危険性もある。では、なぜ金正日が謝罪したのか。小泉と田中を取材して、私は、このときに小泉と金正日の間にさらなる密約があったのではないかと捉えている。

実は、北朝鮮に行く前に、小泉はブッシュ大統領と連絡をとっている。金正日はアメリカと話し合いたいという強い希望を持っていて、小泉はその仲介をする約束をしたのではないか。

平壌から帰国した小泉はブッシュ大統領に連絡をとっている。だが、思わしい反応はなかったようだ。翌年からはじめたイラク攻撃にエネルギーのすべてを投入していたためだろうか。結果としては、金総書記は裏切られたことになる。

安倍晋三に託して引退

なお、小泉首相は皇室典範を改正して女性天皇を認めるための委員会をつくったのだが、秋篠宮家で悠仁さんが生まれたために中断することになり、憲法を改正するために新憲法起草委員会を発足させているのだが、郵政民営化に精力を注ぐ、という理由で中断している。

郵政解散選挙で、自民党が大勝した後、私は小泉に「橋本内閣が大失敗した省庁改革をやるべき」だと強く進言した。

橋本首相は、地方分権のために、国家公務員の仕事と人数を大きく減らそうとしたのだが、国家公務員たちに反乱を起こされて、省庁の数は半減したが、各省庁の規模も人数も倍増して、大臣を含めて政治の側が全くコントロールできなくなってしまったのである。

そのことを言うと、小泉は「まったくその通りだ」と答え、「だが、それをやるには三年かかる。僕には一年しかない。残念だけど、安倍晋三にやらせるしかないよ」と語った。そして二〇〇六年九月の総裁任期満了を受けて総理大臣を退任、二〇〇九年には政界を引退した。

第10章　自民党政権の凋落　安倍・福田・麻生

安倍首相就任直後の訪中の裏側

二〇〇六年九月二六日に安倍晋三内閣が発足した。当時、五二歳だった安倍は、戦後最年少で、戦後生まれとしては初めての首相であった。

安倍は、若い頃から憲法改正を主張していた。教育基本法も憲法と同じく占領時代につくられたもので、「道徳」や「愛国心」が唱えられるべきであり、改正が必要だと訴えていた。こうした点では私と考え方が違うが、そうした問題についてはきちんと論議をすればよい、ととらえていた。若い首相の登場で、「古い密室談合の自民党」「利権・接待政治」が退場し、透明で、金権臭のない政治に変わるのではないか、という点では私は期待していた。

安倍首相が内閣発足後に外交でまず行なったことは、中国と韓国の訪問であった。

自民党の歴代の首相が重視してきたのはアメリカであり、首相になって急ぐのはアメリカ大統領との会談である。ところが、安倍は、内閣発足からわずか二週間後の二〇〇六年一〇月八日に中国を訪問し、胡錦濤《こきんとう》国家主席と会談している。そしてその足で韓国に飛び、盧武鉉《ノムヒョン》大統領とも会っていた。

小泉純一郎は首相として毎年、靖国神社を参拝したことで中国や韓国との関係を悪化させたが、安倍はアメリカより早く中国、韓国との首脳会談を開くことで、中・韓との関係を好転させる狙いがあった。東アジア重視という安倍内閣の姿勢を示すためにも、首相就任早々の訪中、訪韓は効果的であった。

安倍が訪中した日、一〇月八日放送の「サンデープロジェクト」では、「日中・日韓会談実現の舞台裏」というテーマで議論した。出演してもらったのは自民党の小池百合子と石原伸晃、それに外交問題のスペシャリストである森本敏、元外交官で政治学者の浅井基文という顔ぶれであった。誰もが、安倍は、まずはアメリカに行くと思っていたようで、訪中、訪韓は意外だった、と驚きを口にした。

しかし、私は安倍の行動に驚いていなかった。実は、番組の中でも口にできない、「安倍訪中・訪韓の秘密」が私にはあったからである。

安倍が、「ポスト小泉」として名前があがっていた二〇〇六年六月に、私は安倍と会っていた。タカ派の安倍にやらせたいことがあったのだ。

「あなたはタカ派である。たぶんタカ派だと自ら認めていると思う。そして、まずアメリカに行こうと思っているだろうが、アメリカではなく、まず中国に行くべきだ」

私は、いきなりこう言った。なぜなら、小泉首相が毎年、靖国参拝をくり返したために、日中関係が冷え込んでいたからである。

「この日中関係を回復させるには、あなたが中国へ行くべきだ。タカ派が中国に行くことに意味がある。そして胡錦濤国家主席に会って、新しい日中関係をつくるべきだ」

こう強調すると、安倍は「胡錦濤、本当に会ってくれるかな。会ってくれるなら、中国へ行く」と答えた。

そこで私は、当時の外務事務次官だった谷内《やち》正太郎に連絡を取り、

「安倍が、首相になったら、まず中国に行き胡錦濤に会いたい、と言っている。いま日中間が冷え込んでいるので、安倍が中国に行くのはとてもよいと思う。あなたは中国の外交のトップである戴秉国《たいへいこく》と親しいので、なんとか戴秉国に頼んでもらえないか」と頼んだ。

それに対して、谷内は「そういう話は、外務大臣を通して言ってきてほしい」と言ったが、私は、「そんなことをしたら、話がぶちこわれる。外務大臣には知らせず、あなたが内緒でやってほしい」と頼み込み、谷内の希望もあって、東京のホテルで、安倍、谷内、私の三者で会った。ちなみに、当時の外相は麻生太郎であった。

こうして、安倍・胡錦濤会談が実現したのである。日中関係は好転し、温家宝《おんかほう》首相が「氷を溶かしに来た」といって、来日することになった。

年金問題などに追われ、辞任

もう一つ、私が安倍に提言したことがある。

二〇〇七年六月にドイツのハイリゲンダムで先進八カ国首脳会議(G8サミット)が開かれることが決まっていた。このサミットの主要テーマは、環境問題だと読んでいたので、私は安倍に、「日本が環境サミットをリードできるように、あなたは勉強すべきだし、日本側の体制をつくっておくべきだ」と強く言った。安倍内閣が発足してすぐの二〇〇六年一〇月のことであった。

「環境って、どういうことか」と安倍が問うたので、私は、環境問題に詳しい、当時東京大学教授であった月尾嘉男を紹介した。そして安倍と塩崎恭久内閣官房長官に、三度にわたってレクチャーしてもらった。

こうして、「日本がリードして世界全体のCO_2の排出量を二〇五〇年までに半減させる」という、地球温暖化問題にかかわる戦略「美しい星50」がつくられたのだが、せっかくの戦略が全く葬られるかたちになってしまった。

サミット開催の直前に、国会で社会保険庁改革の審議が行なわれていたのだが、そこで、年金記録約五〇〇〇万件が「宙に浮いている」、いわゆる年金五〇〇〇万件行方不明事件が起きて、日本中が大騒ぎになったのである。

サミットで、安倍首相は「美しい星50」を発表したのだが、同行した日本人記者たちが、年金五〇〇〇万件行方不明事件に動転して報じなかったのか、あるいは受け手の本社側が黙殺したのか、とにかく国民には全く知らされなかった。それに、ドイツのメルケル首相が、安倍の発表を、まるで自分が行なったかのように記者会見で述べたので、ヨーロッパでは、メルケル発言として報じられた。

そして、安倍内閣は二〇〇七年九月二六日に、わずか一年で終わってしまうのだが、短命に終わった責任は、安倍本人にはほとんどなく、いわば不運の首相であった。

まず、安倍が政府税調会長に任命した本間正明が、東京・原宿の国家公務員官舎を格安で借りたうえ、そこに妻ではない女性と同棲していることが『週刊ポスト』(二〇〇六年一二月二二日号)にスクープされ、本間は辞任に追い込まれた。

そして、年金五〇〇〇万件行方不明問題。これは国民が直接損失をこうむる事柄で、国民の怒りが爆発した。

そこへ、佐田玄一郎行政改革担当大臣、伊吹文明文部科学大臣、松岡利勝農林水産大臣などの事務所経費問題が発覚した。いずれも、事務所経費に少なからぬゴマカシがあったということで、三人目の松岡は自殺してしまった。しかも、松岡の後任になった赤城徳彦が架空の事務所費を計上していたことが露呈した。

そんな状況で、安倍首相は、七月二九日に参議院選挙を行なわざるを得ず、惨敗を喫して、民主党が単独過半数に迫る大勝利を収めた。

それでも安倍は頑張るつもりで、八月二七日には内閣を改造したのだが、本人が体調をこわしたこともあって辞意を表明したのである。

私が、当然打ち出すと予想していた憲法改正についても、国民投票法の制定までは行なったが、「改正」そのものは口にできないで終わった。もちろん安倍としては、参議院選挙の惨敗がなければ、タイミングを見て打ち出すつもりだったはずである。安倍としては、何ともやるせない辞任だったにちがいない。

拉致問題解決への意欲を見せた福田首相

安倍内閣の後を受けて福田康夫内閣が誕生した。二〇〇七年九月二六日のことである。福田は元首相・福田赳夫の息子で、日本の憲政史上、親子で首相に就任したのは初めてのことだった。記者会見に臨んだ福田は、「一歩でも間違えば、自民党が政権を失う可能性もある」と指摘。自らの内閣を、「背水の陣内閣」と命名した。

のちに福田に、「年齢からいえば、あなたは安倍の前に首相になるべきなのに、なぜ、安倍と総裁選を争わなかったのか」と問うと、福田は、自分は首相になるつもりはなかったのだ、と答えた。父親を見ていて、自分は首相には向いていない、と判断していたのだ、という。それでは、なぜ首相を引き受けたのか、と問うと、「数年はやると思っていた安倍だが、急遽辞めざるを得なくなり、党幹部たちが困りきっていたので、受けることにした」のだと話した。「ともかく、自民党政権を維持することが、自分の務めだ、と考えていた」ということである。憲法改正でも、自衛力強化でもなかったわけだ。

私が福田内閣に期待したのは、まずは、小泉政権で冷えきった日中関係の改善だった。安倍が首相就任直後に訪中して関係改善が進みそうな流れとはなったのだが、安倍内閣は、くり返しになるが、気の毒にスキャンダルの連発で、安倍としては外交どころではなかった。そして福田には小泉内閣の時代に、拉致問題でこけてしまった日朝交渉の再開も期待した。

現に、首相に就任すると、福田は「わが内閣で拉致問題は解決する」と言明していたのである。拉致問題の解決とは、北朝鮮が死亡したと発表している拉致被害者八人の生死をはっきりさせて、生きていれば帰国させることである。この点については、私は外務省の複数の幹部とも、福田首相とも話をした。

実は、私は、小泉首相が訪朝したときに、独自にではあるが二度とも北朝鮮に行っている。そして、二度目の訪朝のとき、朝日国交正常化交渉担当大使であった宋日昊《ソンイルホ》と長時間会った。彼は、日本語が堪能で、それにカラオケが好きで、そのカラオケにつきあったのである。そこで仲よくなって、彼は、北朝鮮は「八人死亡」といっているが、「実はそれ以外に生存者がいる」と語ったのだ。もしも事実だとすれば、大変なことである。もちろん、私は何度も確かめた。

そこで、数日後、外務省の幹部にそのことを問うたのだが、対応がきわめて曖昧であった。このときは、小泉首相など首脳部が、アメリカのブッシュ大統領との関係もあって、北朝鮮問題を早く閉じたがっているのだな、と強く思った。

そこで、安倍内閣で、拉致問題の決着をつけるべきだと提案したかったのだが、スキャンダル事件が相次いで、提案できないままに終わったのである。

私は、福田首相に、北朝鮮の発表通りだとすれば、八人の一人ひとりを、北朝鮮の誰がどのように拉致し、どのように死に至ったのか、平壌に飛んで、徹底的に確かめるべきだといい、福田首相は、それをやるつもりだと約束した。もっとも、実行に移す前に辞任してしまったが。

中国との信頼関係へ

ところで、福田は首相に就任すると、アメリカ側に「北朝鮮のテロ支援国家指定を解除してもかまわない」というサインを送ったようだ。日本政府の対北朝鮮対策が変わったのである。

タイミングをうかがっていたアメリカ政府は、日本の首相が内諾したととらえて、二〇〇八年一〇月一一日に北朝鮮のテロ支援国家指定を解除することになったのだが、なぜ福田は、そのようなサインをアメリカに送ったのか。福田には、北朝鮮と直接対話できるという自信があったようだ。

福田は首相に就任すると、間を置かずに中国を訪問して、胡錦濤国家主席や温家宝首相などの歓待を受けて信頼関係を築くことに成功した。中国外務省の幹部が後に、「福田は戦後はじめて中国側と、言葉と言葉の通じ合う日本のリーダーだった」と評している。

「言葉が通じ合う」とは、外交的にここまでのことを話せば日本側はちゃんと意味がわかって行動をしてくれる、逆に、福田がここまで言えば、中国政府としてもここまでのことはしなくてはならない、ということが理解し合える外交的に成熟した関係ということである。

中国外務省の幹部の福田評については、武田一顯(TBS報道記者)の著書『ドキュメント政権交代──自民党崩壊への四〇〇日』(河出書房新社)では、次のように書かれている。

「そして福田は、中国を突破口にして北朝鮮と外交交渉ができると考えた。実際、中国側も、北朝鮮の金桂冠《キムゲグァン》外務次官に「福田首相は話のわかる指導者だから、きちんと話をしたほうがいい。われわれとしても協力は惜しまない」と伝えている。つまり福田は、北朝鮮のテロ支援国家指定を解除したいというアメリカの意向を聞き入れたことが北朝鮮に対する一つの「アメ」となり、中国側に信頼されている自分であれば、北朝鮮との関係をなんとか打開できると思ったのだ」

だが、こうした福田の思いは、結局、実行に移されることなく終わった。

大連立構想の挫折と辞任

もう一つ、福田内閣が発足して間もなく、福田は、民主党代表の小沢一郎との間で、日本の政界を大きく変革する話し合いを、ひそかに進めていた。

「大連立構想」である。最初に話を持ちかけたのは小沢だといわれている。が、小沢の提案に福田は大乗り気であった。自民党は、衆議院では過半数を押さえているものの、安倍内閣が参議院選挙で民主党に敗れて、いわゆる「ねじれ現象」が起きていて、国会運営上、福田内閣にとっては大きな障害になっていた。そこで、大連立を組むことで「ねじれ現象」を解消させたいと求めていたのだ。

大連立についての福田と小沢による党首会談は、二〇〇七年一〇月三〇日と一一月二日に行なわれた。国会内で行なわれた二回目の会談で、話はかなり前進したとマスコミはとらえていた。会談を終えた直後の福田は、かなり満足そうだったからだ。

ところが、話は頓挫することになった。

二〇〇七年一一月二日に、福田との会談を終えて民主党本部に戻った小沢は、民主党役員会で自民党との大連立を提案した。しかし、大反発を受けた。小沢は、自分が決めさえすれば民主党はついて来ると思っていたのか、民主党内の根回しを怠っていたのである。これは、小沢の悪い癖で、細川首相の後継者選びでも、同志たちに相談せず、勝手に決めるということをくり返して、同志たちが離反する結果となっている。

民主党をまとめることができなかったので、小沢は福田に大連立構想の白紙撤回を申し入れた。そして翌日には記者会見を開き、大連立をめぐる混乱の責任をとって党代表を辞任する意向を明らかにした。ただし党幹部からの慰留を受けて、小沢は代表の座にとどまった。

民主党の幹部の一人に、なぜ慰留したのかと問うと、「小沢さんが、代表を辞めて一七人の参議院議員を連れて、自民党に行ってしまうおそれがあるからだ」と答えた。小沢は何をするかわからないという不安を感じているのだ。だが、それはとてつもないことをやる、という期待感でもあった。

二〇〇八年五月になると、福田は辞任の意向を森喜朗など自民党長老たちに漏らしはじめた。大連立構想が消えて、福田は、少なからず気力を削《そ》がれたようだ。それに、安倍内閣の改革で落ちた支持率もかんばしくなかった。

そこで、森や青木幹雄など長老たちが、福田に衆議院解散を強く勧めたが、福田は、解散の大義がないといって応じなかった。そのために、長老や幹部たちとの関係が気まずくなり、それもあってか、〇八年九月一日に記者会見を開いて退陣を表明した。

そして、退陣表明を、記者たちから、「総理の会見は他人事《ひとごと》のように感じられたが」と質問されると、

「他人事のようにとあなたはおっしゃるが、私は自分自身を客観的に見ることができるんです。あなたとは違うんです」と答えて、この「あなたとは違うんです」が流行語になり、〇八年の流行語大賞にも選ばれている。

低い支持率で発足した麻生内閣

福田が辞任した後の自民党総裁選に、麻生太郎幹事長、小池百合子元防衛大臣、石原伸晃元政調会長、与謝野馨経済財政担当大臣、石破茂前防衛大臣の五人が立候補した。五人もの立候補者が出たのは、一九七〇年の総裁選以来、三八年ぶりであった。

森喜朗など自民党の長老たちに問うと、彼らは麻生を本命視していた。私は、石破が面白いと思ったが、石破を推す幹部はいなかった。

そして麻生が首相となったのだが、彼が発表した閣僚名簿に対して、どの新聞も「期待出来ず」「急場しのぎ」などと酷評だった。

たしかに、小渕優子少子化対策担当大臣は新鮮であったが、中曽根弘文、中川昭一、佐藤勉、中山成彬、鳩山邦夫など、どの顔ぶれをみても麻生の内閣にかける意欲らしいものは感じられなかった。

そして、九月下旬には、報道各社による麻生内閣の支持率が出そろったが、TBSが五一・一パーセント、読売新聞が四九・五パーセント、NHKが四八・〇パーセント、産経新聞が四〇・六パーセントと、スタート時にしては低い数字であった。安倍が政権を投げ出した後の福田内閣でさえ、TBSが六二・六パーセントであった。

先に引用した武田一顯は、「この内閣支持率を見て、僕はすぐに解散・総選挙だろうと思った。これは僕だけが思ったことではなく、「選挙ツウ」と言われている自民党・森喜朗、民主党・小沢一郎、そして公明党の実質的な指導者である創価学会の池田名誉会長も、同じように考えていたのだ——。これ以上延ばしていいことはない、解散、総選挙は今しかない、と」と書いている。朝日、読売、毎日、産経など報道各紙も解散・総選挙近し、ととらえていたようだ。

ところが、九月二九日の臨時国会で、なんと麻生は「緊急の課題は、日本経済の立て直し」であると強調し、ひたすら経済対策の重要性を述べ続けたのである。そして記者たちが、解散・総選挙の時期について問うと「そんなことは考えていない」と答えた。

リーマン・ショックの直撃

実は、麻生の方針が変わった、いや方針を変えざるを得なかった背景には、彼にとって不幸な事情があった。

麻生内閣の発足直前の九月一五日、アメリカの名門投資銀行「リーマン・ブラザーズ」が経営破綻した。そしてリーマン・ブラザーズが発行していた社債や投信を保有していた少なからぬ企業の業態が悪化し、そのためにアメリカ経済自体が悪化して、世界的な金融危機へと広まっていったのだ。いわゆる「リーマン・ショック」である。日本でも影響が大きくなり、株価が大暴落を起こした。そこで、国内では景気回復が強く求められるようになった。

二〇〇八年一〇月三〇日、国民全員に一人当たり一万二〇〇〇円の定額給付金の支給などを盛り込んだ経済対策を麻生は発表する。しかし効果はなく、景気は冷え込んでいくばかりだった。

二〇〇八年一一月に入ってからのことだが、私は麻生首相と官邸で会った。一対一だった。景気対策が成果を挙げていないことに対する不満が、国民の中にだけではなく、自民党議員の間でも深まりはじめていた。そこで、「なぜ、景気対策が進まないのか」と麻生に問うた。

麻生という政治家は、どんな言いにくいことでも、割合に平気で話し、そのために批判も浴びることが少なくないのだが、この場合は、口ごもりながら、いかにも話しにくそうであった。

麻生の話を私なりに整理すると、つまり青木幹雄や森喜朗などの長老が、福田康夫はジェントルマンすぎて、解散をする度胸がない。このままでは、自民党の支持率は下がるばかりだ。だから、お前、思い切って解散せよ。解散するために総理大臣になれ。そして、解散して、議席数を増やしたら、お前の好きなようにやれ、と。つまり解散させるために麻生を首相にしたのだというのである。

そこで、ただちに解散するつもりで、当選回数は十分ありながら、大臣になれていない、あるいは大臣の日数が少ない人物を、あえて大臣にした。青木や森たちが、それを望んだのである。

ところが、リーマン・ショックが襲い、急に経済回復をやれ、ということになった。

「だけど、解散するためということで、しがらみのある人間ばかりを大臣にしてやったのでね」

だから、景気回復をせよということが急になって、正直いって難しい、というわけだ。こうした説明を聞いて、私は麻生に同情した。

しかし、麻生内閣に対する支持率はどんどん落ちて、〇九年三月八日に発表された読売新聞の調べでは一七・四パーセント、朝日新聞は一四パーセントであった。当然ながら、自民党内でも「麻生降ろし」の声が強まっていた。

自民党の歴史的大敗と民主党の大躍進

七月一三日、民主党を中心とした野党は、衆議院に内閣不信任案を、参議院に麻生総理に対する問責決議案を提出した。そして、参院の問責決議案は可決された。

問題は衆院の内閣不信任案で、もしかすると、麻生に対する不満を、あからさまにぶち上げている自民党の中川秀直、鳩山邦夫、塩崎恭久などが「踏み絵」を踏むのではないか、と注目が集まった。

中川たちは、内閣不信任案には反対票を投じたが、本会議の後、「麻生降ろし」に動き始めた。自民党両院議員総会を開くための署名集めを始めたのだ。表向きは「都議選の敗退について麻生総理の説明を求める」という名目だったが、実際は、麻生糾弾のためだったはずである。一三三人もが署名し、与謝野馨や石破茂の二閣僚の名前もあった。結局、議決権のない両院議員懇談会というかたちになったが、自民党内で「麻生降ろし」が公然化したことは、国民の目にはっきりとわかった。

そして、七月二一日、麻生は衆議院の解散に踏み切らざるを得なくなり、八月三〇日の総選挙で、自民党は記録的惨敗を喫することになった。自民党一一九議席。公示前より一八一議席も減少した。それに対して、民主党は三〇八議席を獲得して第一党になった。民主党を中心とする連立政権が誕生することになったのである。

第11章　民主党政権への期待、そして失墜

小沢一郎民主党代表の実行力

二〇〇九年八月三〇日の衆議院選挙で、民主党は三〇八議席を獲得し、政権奪取に成功した。自民党は一一九議席で大敗であった。そして鳩山由紀夫代表が首相に就任した。小沢一郎は幹事長となった。

ここで、小沢一郎について記しておきたい。

実は、小沢に、民主党入党を強く求めたのは鳩山由紀夫なのだが、小沢の民主党入りに、強く反対したのが仙谷由人と枝野幸男であった。ところが、小泉政権の幹事長であった武部勤を失脚させるために、民主党議員がお粗末な「偽メール事件」を起こし、そのために前原誠司代表が辞任すると、二〇〇六年四月、小沢が代表となった。

代表になった小沢は、なんと「仙谷を幹事長にしたい」と考え、そこで私に「仙谷に頼んでほし

い」と求めてきた。「自分は戦略づくりが苦手であり、民主党で最も戦略的才覚に長けているのが仙谷だから」というのである。

私も、仙谷は戦略の才覚に長けていると捉えていたので、小沢の判断に乗り、その頼みを引き受けた。そして仙谷を口説いた。仙谷は一時間近く考え込み、「枝野に問うてほしい。枝野がOKしたら引き受ける」というのである。

そこで、枝野に電話で確かめた。枝野は「そんなことあるはずがない」と言って、なかなか本気にしなかったが、何度も説明すると、「そんな難しいこと、すぐには答えられない。一晩、待ってほしい」と答えた。

そして翌日、電話をすると「仙谷さんが引き受けるのなら仕様がないが、僕に問われれば、反対」と言った。仙谷にそのことを言うと、「それでは、小沢に言って、この話はなかったことにしてほしい」と答えた。こうして、仙谷幹事長の話は流れて、鳩山由紀夫が幹事長になった。

小沢が代表になると、民主党の空気は、どんどん変わった。その年に行なわれた千葉七区での補欠選挙で、二六歳の新人候補(太田和美)が、自民党の齋藤健を破って当選した。小沢は、短期間で民主党の選挙基盤を強化し、翌二〇〇七年の安倍内閣での参議院選挙で圧勝したのである。

このことによって、自民党と民主党のバランスは逆転しはじめたのだが、バランスが変わったのは国内だけではなかった。

二〇〇九年二月一六日、ヒラリー・クリントン米国務長官が来日したのだが、その主たる目的は、首相である麻生太郎ではなく、小沢に会うことだった。さらに、同一九日に来日した中国共産党中央対外連絡部長・王家瑞《おうかずい》も、小沢に会うのが主目的で、帰国後、胡錦濤国家主席に、「小沢はまるで総理大臣のようだった」と伝えている。

小沢の首相就任を阻止するために

ところが、三月三日、小沢にとって大事件が起きた。小沢の公設第一秘書、大久保隆規が東京地検特捜部に逮捕されたのだ。西松建設をめぐる政治資金規正法違反の容疑であった。

そして大久保が逮捕されると、各新聞・テレビで、小沢と西松建設との関係について、問題あり、いかがわしい、と捉えられそうな情報が次々に報じられた。まるで小沢が規正法を犯しているような報道であった。いずれも情報の出所は示していなかった。後に私が、ある大新聞の幹部に「いずれも出所は検察だろうに、なぜごまかすのか」と問うと、「それを書いたら出入禁止になる」と説明された。

三月二四日、検察は大久保を起訴した。そして、この日、NHKが「(大久保が)東京地検特捜部の調べに対し、「西松建設からの献金だと認識していた」と収支報告書への虚偽の記載を認める供述をしていることが、関係者への取材でわかりました」と報じ、日経新聞も二五日付朝刊で同様のニュースを報じた。だが、後に判明したのであるが、いずれも検察のリークを鵜呑みにした報道であった。

実は、三月末にテレビ朝日の「サンデープロジェクト」に、検察を辞めて弁護士になった郷原信郎と宗像紀夫に出演してもらい「西松建設をめぐる容疑での大久保秘書逮捕事件」について問うた。すると両者とも、東京地検特捜部は、近く小沢一郎を収賄容疑で逮捕するのだろう、そうでなければ衆院選が近いこの時点で、民主党代表の第一秘書を逮捕するなんてあり得ない、と言い切った。

ところが、大久保が起訴されると、マスメディアでも、民主党内でも、「小沢は民主党代表を辞任すべきだ」という声がどんどん強まった。メディアでは、小沢がいつごろ辞任するのかということが関心事になっていた。

五月一一日、小沢の辞任の記者会見が行なわれた。小沢は淡々と辞意を述べた。記者の質問に対して、「私は政治資金の問題について一点の誤りもない」と答えた。そして、鳩山由紀夫幹事長が代表となった。

その後、大久保は、罪に問われることなく釈放されるのだが、検察は、なおも小沢潰しを図るのである。

本章の冒頭に述べたように、二〇〇九年八月三〇日に投票が行なわれた衆院選挙で、民主党は三〇八議席を獲得して大勝した。麻生首相の自民党は一一九議席と、解散前の議席数を半減させた。

だが、麻生内閣の当初から、自民党の自滅は想定できていて、後にして思えば、大久保逮捕は、検察が、小沢が首相になるのを強引に阻止したということなのである。

普天間移設をめぐる鳩山政権のつまずき

二〇〇九年九月一六日、衆院本会議で鳩山は第九三代内閣総理大臣に指名された。官房長官には平野博文、菅直人が副総理兼経済財政政策大臣、そして小沢は幹事長になった。首相は鳩山だが、実質的な権限は小沢にあった。

小沢は社民党と亀井静香などの国民新党と連立というかたちを取り、「コンクリートから人へ」というキャッチフレーズで、国民の信頼を得ようとした。だが、この時点で、実は財政悪化が進んでいて、鳩山内閣の政策は大きな矛盾を抱えていたのである。

もっとも、鳩山内閣が破綻したのは財政問題のためではなかった。実は、鳩山は民主党を創設したときから、この国を対米従属から脱皮させ、主権を回復させるため、「東アジア共同体」構想を打ち出していた。中国を含む、東アジアの国々と「不戦共同体」を構築する。そのために、米軍を日本から撤退させるというのである。首相になってからは、そのことを言わなくなったが、「対米従属からの脱皮」との思いは弱まっていなかったのであろう。

自民党政権のときには、沖縄の米軍・普天間基地の移設先は辺野古ということで、ほぼ固まりそうになっていたのだが、鳩山は「最低でも県外」と言い出したのだ。沖縄へ遊説に行き、沖縄の人々が、移設先を沖縄に押しつけるのに強い憤懣《ふんまん》を抱いていることを知って、それに応えようとしたのであろう。

平野官房長官の進言もあって、鳩山は移設先に徳之島(鹿児島県)を考えていたのだ。

ところが、外務省と防衛省の幹部たちとの会議で、鳩山がそのことを言うと、いずれも渋い顔をした。徳之島では普天間から遠すぎて、米軍が納得しないだろうというのである。そこで鳩山は、この問題については時間をかけて論議しようと提案し、幹部たちは了解した。もちろん論議は非公開で行なうことになっていた。

にもかかわらず、二日後の二〇一〇年一月二七日、そのことが朝日新聞で報じられてしまった。幹部の誰かがリークしたのである。徳之島案を破綻させるために、である。

そして鳩山はその後、日米地位協定によって決められている「日米合同委員会」という、とんでもない機構で米側から、「徳之島はダメで、辺野古に定めたい」と通達されていることを知らされた。

日米合同委員会とは、国民のほとんどはその実態を知らされていないが、米軍の占領体制を延長させるような代物で現在も続けられており、実際には、米軍は日本のどこにでも基地をつくることができるのである。そして日米合同委員会では、米軍は日本の首相の意思など無視して、ことが決められるのである。

鳩山は、日米合同委員会での米側の通告を知らされて、それを拒否はしなかったようだ。もし鳩山が拒否したら、鳩山政権はどうなっていただろうか。

そして何よりも「出来すぎ」と疑わざるを得ないのは、鳩山が沖縄を再訪問した五月二三日の各紙朝刊が、辺野古への移設が決まる、と大見出しで報じたことである。

沖縄の県民たちは、鳩山が「最低でも県外」と主張しつづけているものと思い込んでいたので、当然のことながら、鳩山は沖縄で袋だたきの状態となった。

鳩山首相は二〇一〇年六月二日に辞意を表明せざるを得なくなり、菅直人が後継首相となった。

民主党政権崩壊の要因

ところで、二〇一〇年一月、東京地検特捜部はまたもや政治資金規正法違反容疑で、小沢の秘書を務め、衆院議員であった石川知裕と、秘書の大久保隆規を逮捕した。

小沢の政治資金団体である陸山会が、東京都世田谷区の土地を購入した際に、政治収支報告書に虚偽記載していたという容疑であった。週刊誌などが、「小沢一郎の〝隠し資産六億円超〟を暴く」などと報じていたのである。

さらに、市民団体が小沢本人を政治資金規正法違反の容疑で告発した。二月に秘書たちは起訴されたが、小沢は嫌疑不十分で不起訴処分とはなった。

小沢は、このように検察から攻めたてられていたために、鳩山首相の「最低でも県外」問題では、全く動きが取れなかったのである。そして一〇月には、東京第五検察審査会が小沢を起訴議決した。

そのために、菅内閣では、小沢が民主党内でも「悪」と決めつけられて、二〇一一年二月二二日には、民主党常任幹事会が「裁判の判決確定まで党員資格停止」とする方針を決めた。実際に党員資格停止処分となったのは、七月である。ところが、二〇一二年四月に東京地裁が小沢に無罪判決を下し、小沢は党員資格を回復した。

民主党政権が三年三カ月で終わった要因について、民主党の政権運用が下手だった、確かな戦略を持っていなかったなどと語られていて、そういう弱点があったことは確かだが、私は、小沢が検察に徹底的に攻め続けられたためだと捉えている。

小沢を党代表に選んだときは、民主党議員たちは、民主党の誰も及ばない小沢の実績を買い、小沢に頼ろうとしていたのである。

だが、秘書の大久保が西松建設問題で逮捕されたことで、小沢に不信感を抱く議員が生まれ、メディアが小沢のいかがわしさを強調することで、不信感を抱く議員がしだいに増えて、「陸山会」問題で石川らが逮捕されると、反小沢議員が過半数に達した。こうなると、事実上、民主党が分裂状態になり、政策面でも、政権運用についても、何事も決められなくなる。外部から見れば、民主党は政権政党として体をなしていないことになる。

検察の小沢への執念

それにしても、検察は、なぜしつこく小沢を攻めたのか。

私は、検察は疑惑が生じたが故に小沢を攻めたのではなく、小沢潰しを図ったのだろうと捉えている。

それでは、検察はなぜ小沢潰しを図ったのか。私は、小沢を含めて、小沢と組んで権力奪取、そして権力維持に精力を投入した政治家たちを念入りに取材した。

一つには、小沢が、官僚主導体制から政治主導体制への転換を図ったことで、官僚たちの猛反発を受けたのだという。現に鳩山内閣で、事務次官など省庁の幹部たちは、国会で発言できなくなり、事務次官会議もできなくなった。だが、それよりも、小沢はロッキード事件とリクルート事件も冤罪だと捉えていて、検察の強引さを押さえ込もうとしたのだが、それが検察を憤慨させたのだろう、というのである。

また検察側は、小沢は田中角栄の体質を受け継いでいるので、攻めれば、疚《やま》しさがつかめるはずだと睨んでいたのではないか、というのである。

結局、検察は小沢を潰すことはできなかったが、民主党政権を短命にさせたことになるのだろうか。

菅内閣に戻ろう。

東日本大震災と菅政権

菅直人は財務大臣時代の二〇一〇年二月、カナダで開かれた先進七カ国会議(G7)に参加した。そこで、ギリシアが深刻な財政危機に瀕していることを知り、財務省の幹部たちから、日本の財政赤字もギリシアに近づいていると強く訴えられて、七月の参議院選挙で消費税増税を表明して、一〇議席減という敗北を喫した。

そして、この敗北で民主党内での菅への不信感が深まるのである。

菅は市民運動出身で、そもそも田中角栄を引き継いだ小沢一郎のやり方に対しては違和感を抱いていた。だから小沢への拒否反応が強まった民主党で、菅が首相に推されたのだが、その菅への不信感が強まって、民主党は主軸らしいものを失ってしまった。

そこへ二〇一一年三月一一日、東日本大震災が襲ったのである。

マグニチュード九・〇。地震エネルギーで、阪神・淡路大震災の一〇〇〇倍以上の大規模な地震であった。

その後、約一一〇〇年前の貞観地震(八六九年)のときに匹敵する大津波に見舞われた。岩手、宮城、福島、茨城などで、家を失うなどした震災の被害者は、一時期、四〇万人以上にのぼり、その後の余震で死亡した者を含めると、死者は一万五八九九人、行方不明者は二五二九人にも及んだ。

とくに、世界中に「日本危うし」の情報が飛び回ったのは、東京電力の福島第一原子力発電所の深刻な事故のためであった。

福島第一原発には一号機から六号機まで六つの原子炉が設置されていて、生み出す電力はフル稼働時には約四七〇万キロワットで、東京電力の総発電能力のおよそ七・五パーセントを占めていた。

福島第一原発の一、二、三号機は大地震の揺れで自動的に停止した。だが炉心は高熱のため、圧力容器の水が蒸発しつづけて、原子炉が爆発するおそれがある。原子炉に異常があれば緊急冷却装置が稼働することになっているのだが、津波をかぶって冷却装置が機能しなくなってしまったのである。

そこで東京電力では、一、二、三号機の廃炉を覚悟して、圧力容器に海水を注入した。それでも水位は上がらない。
四、五、六号機は定期検査のため停止中であったが、四号機で火災が生じた。使用済み核燃料が原子炉内のプールで冷却されていたのだが、プールの水位が下がって過熱し、水素が発生して爆発したのである。そのために建屋が崩壊してしまった。惨憺《さんたん》たる状態になったのである。
東京電力の福島原発事故は、その後、「第二の敗戦」とも呼ばれることになった。

国会事故調査委員会・委員長の黒川清は、はっきりと「福島第一原発事故は自然災害ではなく、明らかに人災である」と断定している。「官邸・規制当局の危機管理意識の低さが、住民避難の混乱の根底にあった」というのだ。

原発のある地元の住民たちを取材すると、東電は、「原発事故は起きない」と言い切っていて、避難訓練も一度も行なわれなかったということだ。地元の住民たちは、「原発事故は起きない」と安心しきっていて、だから震災時に大混乱が起きたわけだ。

東電の幹部に、そのことを質すと、「避難訓練の話を持ち出すと、地元は「事故の想定がいささかでもあるのならば建設反対」ということで、事故の想定はないと言い切らないと、建設できなかった」のだと述べた。

また、明治二九(一八九六)年の三陸大津波のときは、津波の高さは四、五メートルで、この規模に対応できる堤防はつくっていた。しかし、二〇〇九年に経産省で行なわれた総合資源エネルギー調査会で、貞観地震で一〇メートル以上の津波が襲ったことが問題視され、そのうちに何とかしなければ、ということになっていたのだが、費用がかかり過ぎるので考慮している間に、大津波に襲われたのだ、と東電の最高幹部が述懐した。

そして、原子炉は常時冷却しつづけていなければならず、万が一停電(東北電力)になった場合のために、非常用発電装置が各原子炉に設けてあった。ところが、アメリカから導入するときに、アメリカは竜巻の被害が多いため、それは原子炉の地下に設けられていた。それをそのまま導入したので、地下にあった非常用発電装置が、津波で稼働しなくなってしまったのだという。

こうなると、まさに「人災」で、「第二の敗戦」である。

実は、この事故が起きる以前は、菅首相は原発依存度を四〇パーセントにすると唱えていて、ベトナムへの原発の輸出を表明していたのである。事故前は原発推進派だったわけだ。

だが、事故発生時に、菅内閣の不手際が少なからずメディアで報じられて、鳩山や小沢に近い議員たちが菅の辞任を求めたために、菅は八月二六日に辞意を表明した。

野田政権発足と「社会保障と税の一体改革」

九月二日、菅内閣で財務大臣を務めた野田佳彦が民主党政権の三代目の首相となった。

野田は、その年の『Voice』一〇月号で、「いまあらためて学ぶべきは、大平正芳さんの政治のあり方ではないか——私は最近、とみにそう思うようになった」と書いている。この記事で野田は、一般消費税の導入をかかげて、首相として選挙戦にのぞみ、自民党が敗北を喫した一九七九年一〇月の衆院選を例に挙げながら、「大平さんは、経済に迎合するのではなく、経済を導こうとした」「やらなければならぬことを国民にきちんと説明し、理解してもらおうとした気概には、大いに学ぶべきだ」と、その政治姿勢を高く評価したのである。

野田は、財政の厳しさから逃げるべきではないと考えて、菅直人が失敗した消費税増税を社会保障との一体化というかたちで、しかも、なんとかして自民・公明の合意を取りつけて実現させようと図った。

ところが、肝心の民主党内で、小沢たちが猛然と反対したのである。

このことについては、根っこからの説明が必要だ。実は、野田は「陸山会」疑惑のとき、菅と同様に小沢に対して大変厳しい姿勢をとり、そのためにポスト菅を選ぶときに、小沢は、野田に対抗して海江田万里を推した。代表戦は小沢対反小沢の戦いとなり、それが決選投票にまでもつれ込んだのである。だから、ここが小沢の問題点でもあるのだが、小沢は反野田に徹したのだ。

野田は、自民党と公明党に働きかけて、社会保障と税の一体改革関連法案の修正、つまり消費税を一〇パーセントに増税することで合意を取りつけたのだが、二〇一二年六月二六日の衆院本会議の法案採択で、なんと小沢派の五七人が反対し、一五人が欠席・棄権したのである。民主党が分裂したわけだ。

そして、小沢は七月一一日、「国民の生活が第一」という新党を立ち上げた。小沢と行動をともにしたのは、衆院議員三七人、参院議員一二人であった。当然ながら、民主党政権に対する国民の信頼度は大きく損なわれた。

困惑した野田は、八月八日に、自民党総裁の谷垣禎一と公明党代表の山口那津男に頼み込んで、三党の党首会談を開き、「できるかぎり早く解散をする」と約束することで、何とか法案の成立に道筋をつけることができた。約束した解散の日は、一一月一六日となった。

突然の解散と民主党政権の終焉

ところで、野田は「原発稼働は二〇三〇年代の終わりまでになくす。そして、使用済み核燃料の再処理は行なわない。さらに青森県で予定されている大間原発の新設は取り止める」と表明し、九月一九日に閣議決定をするつもりだと述べた。分裂によって損なわれた民主党政権に対する信頼度を取り戻そうと図ったのであろう。だが、閣議決定は行なわれず、そのことに対する説明もされないままになった。

私が、当時の民主党の幹部たちを取材すると、「原発の使用済み核燃料の再処理を行なわない」と野田が表明すると、青森県の六ケ所《ろっかしょ》村が怒り、全国の原子力発電所から運び込まれた使用済み核燃料を全部返却する、と言い出した。そんなことになったら、いずれの原子力発電所も対応できない。そこで、再処理された燃料を使用する高速増殖炉もんじゅ(後に廃炉)の稼働の目途は全くないのに、再処理を続けることにしたのである。さらに、青森県の怒りを静めるために、大間原発の新設も認めることになったのだ。

そして、最大の問題である「二〇三〇年代の終わりまでに原発稼働をゼロにする」ことだが、どうやらアメリカからの反対で、閣議決定に持ち込むことができなかったようである。

こうして、野田が国民の信頼度を取り戻すために打ち出そうとした「原発ゼロ」政策は曖昧なままに終わり、逆に信頼度を落とすことになった。

九月二六日、自民党総裁は谷垣禎一から安倍晋三に代わっていた。解散を約束した日の前々日(一一月一四日)の党首討論で、野田は安倍に、あさっての一六日に解散すると明言した。衆議院解散後、一二月一六日実施の衆院選で、民主党は五七議席しか得られず、二九四議席を獲得した自民党に大敗した。

こうして、自民党は政権を奪回し、一二月二六日に、安倍晋三が首相に返り咲いたのである。

第12章　安倍政権の「集団的自衛権」への執念

首相に返り咲いた安倍

安倍晋三が、二〇一二年九月二六日の自民党総裁選で、石破茂を破って五年ぶりに総裁に返り咲いた。そして一二月一六日の衆議院選挙で自民党が政権を奪取し、安倍が再び首相となった。長い戦後史の中で、一度首相を辞任して返り咲いたのは、吉田茂と安倍晋三の二人しかいない。

参院選で無残な敗れ方をして、国民のほとんどが考えもしなかったことがなぜ起きたのか。

実は、安倍の強い責任感と、少なからぬ自民党議員たちが、安倍に、特別の期待を抱いていたので、奇跡に近いことが生じたのである。

一九九一年に、ソ連邦の解体というかたちで、米ソを両軸とした東西冷戦が終わると、日本で二つの主張が生まれた。

一つは、リベラル派の日本自立論であった。

東西冷戦の時代は、西側に属する日本の敵はソ連であった。そして、ソ連と戦っても勝てるわけがない。そこで、安全保障をアメリカに委ねるしかなかった。その結果としての対米従属である。だが、冷戦が終わって、ソ連は敵ではなくなった。だから、対米従属をやめて自立すべきだ、というのである。

たとえば、民主党を結成した鳩山由紀夫が、自立論を主張した人間の一人であった。中国を含む東アジアの国々と、「東アジア共同体」を構築して「不戦共同体」に発展させる、というのである。そのために在日米軍を撤退させて、「常時駐留なき安保」を実現させる、とした。

首相になってからは、鳩山はこの主張を表に出しては言わなかったが、その思いは変わっていなかった。だから普天間米軍基地の移設先を、「最低でも県外」と主張したのである。

また、故西部邁など、右派学者の中にも、対米従属から脱却して自立を唱える人物が少なくなかった。

日米同盟強化と集団的自衛権

だが、こうした自立論を、全く非常識だと訴える保守論客たちがいる。その代表が外務省情報調査局長や駐タイ大使などを務めた故岡崎久彦である。自立よりも対米関係の強化が必要だと強調する。

岡崎たちの主張はこうだ。日本の安定のために岸信介首相のときにつくられた日米安全保障条約では、日本が他国から攻撃された場合には、米軍は日本を守るために戦うが、アメリカが攻撃されても、日本は戦わないという片務的なかたちであった。東西冷戦時代には、日本は西側陣営であり、米軍が日本を守るということは、西側の極東部門を守る、ということであった。しかし冷戦が終わって、米軍は極東部門を守る責任がなくなった。

だから、このままの状態では、アメリカが日本を守ってくれなくなるおそれがある。そこで、日米関係の強化が必要だが、そのためには何とかして、片務性を双務性に変えなければならない、というのだ。

そういえば、知日派のアメリカの要人として有名なリチャード・アーミテージ(一九八三年から八九年まで国防次官補、二〇〇一年から〇五年まで国務副長官を務めた)と、ジョセフ・ナイ(一九七七年から七九年には国務副次官、一九九三年から九四年には国家情報会議議長、一九九四年から九五年には国防次官補を務めた)が、二〇〇〇年一〇月、二〇〇七年二月、二〇一二年八月、二〇一八年一〇月、と、四度「アーミテージ・レポート」を刊行しているが、四度とも「日本が集団的自衛権の行使を禁止していることは、同盟への協力を進める上での制約となっている。これを解除することにより、より緊密で効率的な安保協力が可能になる」と強調している。つまり片務性から双務性にせよというのである。

私は、二〇〇六年に第一次安倍内閣が発足してから知ったのだが、岡崎久彦は二〇〇四年一月に、当時小泉純一郎内閣の幹事長であった安倍晋三と『この国を守る決意』（扶桑社）という対談本を出していた。

その中で、岡崎は、「冷戦が終わって、日米同盟は、より強化しなければならない。そのためには、どうしても集団的自衛権の問題を解決しなければならない」と強調している。

安倍は、「日米安保体制を持続可能なものにするには、双務性にすることが必要で、軍事同盟というのは「血の同盟」であり、日本がもし外敵から攻撃を受ければ、アメリカの若者が血を流す。だから、アメリカが攻撃されたときには、それに対応しなければ、イコールパートナーとはいえません」と答えている。

つまり、二〇〇四年の段階で、安倍は集団的自衛権を認める必要がある、と決意しているのである。

憲法の制約

しかし、日本政府は、憲法と専守防衛という見地から、集団的自衛権の行使は認められないという強い姿勢を通してきた。しかも、在日米軍基地は、日本の防衛というよりは、米軍の世界戦略のための主要拠点であり、集団的自衛権を認めないから片務性などとはいえない、と表明してきた。何よりも、集団的自衛権を認めるのは憲法違反だというわけだ。

「法の番人」とされている内閣法制局も一貫して「集団的自衛権の行使は憲法上、認められない」との見解を守ってきた。

しかし、岡崎たちは、アメリカは世界戦略を捨てるおそれがある、と言う。現にオバマ大統領は、アメリカは世界の警察を止める、と宣言し、トランプ大統領は露骨にアメリカ第一主義を打ち出している。そして、日米安保条約を変更する可能性を言い出したと指摘する。

さらに、アーミテージ・レポートだけではなく、政府首脳は、アメリカへの強い不満を感じていて、それが二〇〇五年に小泉内閣での新憲法の起草ということになったといわれている。このときの委員会には、岡崎久彦も参加している。

二〇〇七年、安倍首相は有識者会議「安保法制懇」(安全保障の法的基盤の再構築に関する懇談会)を立ち上げた。岡崎を含めて、東京大学教授の北岡伸一や田中明彦、防衛大学校名誉教授の佐瀬昌盛、駒澤大学名誉教授の西修などが中心メンバーであった。
(一)米艦船に対する攻撃への応戦、(二)アメリカに向かう弾道ミサイルの迎撃、(三)他国部隊などへの「駆け付け警護」、(四)他国軍への後方支援、など四項目が課題であったが、設置の前に安倍首相は辞任せざるを得なくなり、安保法制懇は宙に浮いたかたちになった。
だから、安倍晋三としては、何としても集団的自衛権を認めるという大仕事をせねばならない、という強い責任感を抱いていたであろう。余人ではできないとも。

もっとも、国民の多くも、憲法や安全保障に詳しい学者たちの多くも、集団的自衛権を認めるのは、憲法をゆがめることになると捉えていたのだが、自民党議員たちの主軸は何よりも対米関係の強化が必要で、そのためには、双務性に向かうのはやむを得ないと考えていた。保守派ではそれに同調する勢力が拡まったのである。

アベノミクスの始動

ところが、首相に返り咲いた安倍が力を注いだのは、何よりもデフレ対策であった。財政も悪化していたが、それよりもデフレが進んで、国民のほとんどが強い不安を抱えていたのである。しかも、もはや経済成長はない、資本主義の時代は終わったと主張する著名な学者が、世界でも国内でも少なくなかった。

自民党の総裁に就任すると、安倍は総選挙への意気込みとして、日本銀行にインフレ・ターゲットを設けさせて、目標達成まで無制限に金融を緩和させる、つまり貨幣をどんどん発行させる、と強調した。

財政が悪化しているのに、日銀に貨幣をどんどん発行させる。朝日新聞経済部のエースである原真人は、この安倍のやり方を危ぶんで、反対を込めて「アベノミクス」という呼び名を使った。あくまで批判のつもりだった。しかし安倍は「アベノミクス」を自慢げに自ら使うようになった。原真人は困惑し切っている。

安倍は、日銀に貨幣をどんどん発行させることで、冷えた内需を拡大させようと図ったわけだ。総選挙で大勝して首相になると、安倍は「財政出動」と「規制緩和」を日銀に命じた。

原真人は、安倍の思惑を次のように解説している。安倍政権で、全国規模の国土強靱化計画を進める。毎年、数兆円規模にのぼる事業費を注ぎ込んで新たなインフラを整備する。その財源は、新規国債を発行してまかなう。そして、そのすべてを日本銀行が無制限に紙幣を刷って、買い上げる──。

だが、当時の日銀総裁、白川方明《まさあき》は、安倍の強引なやり方に強く抵抗した。日銀の独自性を通そうとしたのである。結局、二〇一三年四月八日の任期満了前の三月一九日に辞任した。

新しい日銀総裁に就任したのは、元財務官僚でアジア開発銀行総裁の黒田東彦《はるひこ》であった。黒田は初の記者会見でいきなり、「日本銀行は本日、消費者物価の前年比上昇率二パーセントの物価安定の目標を、二年程度の期間を念頭に置いて、できるだけ早期に実現するため、量的・質的金融緩和を導入することを決定した」と述べた。

安倍首相が強く主張し、白川総裁が抵抗したインフレ・ターゲットを設け、紙幣をどんどん刷ることに全面的に同調したわけだ。

デフレ脱却のために「年二パーセント」のインフレ目標を設け、それを「二年」で達成する。それに向けて日銀が市場に供給するお金の量を「二倍」に、買い入れる国債の額も「二倍以上」にするというのである。これは、原真人によれば、「財政法で禁じられている「財政ファイナンス」」ということになる。

だが、黒田バズーカ砲の、緒戦の「戦果」は上々だった。

「すぐさま金融市場から大歓迎された。午後一時四〇分ごろに決定会合の結果が伝わると、株式市場で買い注文が一気に出た。日経平均株価は朝方の二八六円から二七二円高まで急回復。円相場は一ドル＝九二円台後半から、一時九五円六〇銭台まで円安が進んだ。

市場では「具体的な緩和策は次回会合」との見方が多かったので、なおさら歓迎度合いが強まった。株式、為替、債券すべての市場が大きく反応、円安・株高・債券高の流れが一気に強まり、長期金利は史上最低記録を九年一〇カ月ぶりに塗り替えた」（原真人『日本銀行「失敗の本質」』小学館新書）

七月二一日に、参院選が行なわれて、自民党、公明党が計七六議席を獲得して過半数を確保した。安倍は、第一次内閣の参院選で敗北した「ねじれ」を解消したのである。それにしても投票率は五二・六一パーセントで、前回から五ポイントも下回った。野党はアベノミクスを批判しながら、対策らしいものを全く示せず、争点のない選挙であったためだ。

「法の番人」を交代

ところで、安倍は二〇一三年七月に行なわれた参議院選の二カ月前、内閣法制局長官の山本庸幸《つねゆき》に、使者を通じて、「集団的自衛権の行使を認めるために、憲法解釈の変更はできるか」と問うている。

「従来どおり、できません」

山本は、はっきり答えたようだ。

そのことがあって六月、官邸を訪れた岡崎久彦に、安倍は集団的自衛権の行使を容認させるために、内閣法制局長官を山本から元外務省国際法局長で駐仏大使の小松一郎に代える、と打ち明けている。

そして、参院選で大勝してまもない八月二日に、NHK、読売新聞、産経新聞が「法制局長官に小松駐仏大使」と報じた。各メディアは「青天の霹靂《へきれき》の交代劇」と報じた。

長官に就任した小松は、すぐに法制次長・横畠裕介を長官室に呼んで、集団的自衛権について問うた。

「九条をないがしろにするような憲法解釈の変更は出来ません」

「集団的自衛権を認めるにしても、今の憲法では、ほんのちょっとしかできません」

「横畠は繰り返し、こう強調したようだ。

横畠にとって、全面解禁となれば、内閣法制局が築き上げてきた政府見解の論理はすべて否定され、憲法の規範は壊れてしまう。だから、全面解禁を阻止するためには最小限の「限定容認」しかない、と考えていた。

実は、小松自身も全面解禁に同調しているわけではなかったようだ」（朝日新聞政治部取材班『安倍政権の裏の顔――「攻防　集団的自衛権」ドキュメント』講談社）

秘密保護法のスピード可決

一〇月二五日に、国の機密情報を漏らした公務員らへの罰則を最長で懲役一〇年とすることなどを定めた特定秘密保護法が閣議決定された。

数年前、防衛省の幹部に「日本では国家公務員が重要な機密を漏らしても、最高で一年の懲役にしかならない。これでは米軍は防衛についての共同訓練や協議などでも、一年の罰則程度の機密しか提供してくれない。むこうは、スパイ罪で死刑もある。だから、日米安保といってもほとんど機能しない」という不満を聞かされた。

そのために防衛、外交、スパイ活動、テロ活動の四分野で、罰則もアメリカと同じ最高懲役一〇年に引き上げたということなのだろうか。

確かに、こうした分野で秘密の保護が必要なことはわかる。だが、この法案では、特定秘密は行政機関の裁量で指定され、その指定が適切かどうか、国会でもチェックできないまま、半永久的に国民の目にさらされないおそれがある。秘密が恣意的に必要以上に広い範囲にわたって指定される可能性も多分にある。私は、八人のジャーナリストと共に、特定秘密保護法に反対と抗議した。

ところが、この法案は、わずか二〇日間の審議で一一月二六日に衆院本会議で可決された。二七日の朝日新聞は、社説で「数の力におごった権力の暴走としかいいようがない」と憤り、毎日新聞は「あぜんとする強行劇だった」と書いたが、野党はかたちばかりの反対しかせず、多くの国民が関心を示さなかった。自民党の強硬姿勢は問題だが、野党の迫力の欠如、そして国民の関心のなさが、そうした強硬姿勢を常態化させているといえる。

集団的自衛権をめぐる公明党との協議

実は、それ以前の九月から内閣法制局長官室で、小松と横畠、そして官房副長官補の兼原信克、高見澤將林《のぶしげ》、外務省国際法局長の石井正文、防衛省防衛政策局長の徳地秀士の六人による、集団的自衛権の行使をめぐる秘密会議が開かれていた。

兼原と石井は、限定容認の幅をできるだけ広げたいと考えており、横畠はその逆であった。そして小松は両者の調整役を務めた。

年が明けて二〇一四年に入った。

集団的自衛権の行使を容認するには、まず公明党を説得しなければならない。だが、公明党が頼りにする創価学会は平和志向が強いので、集団的自衛権には反対のはずである。

現に一三年秋、公明党代表の山口那津男は党幹部たちに「集団的自衛権は党の基盤にかかわる重大な問題だ。私は妥協するつもりはない」と述べている。

その公明党の説得に大きな役割を果たしたのは高村正彦であった。高村は有能で、理念に走らない現実的な政治家として、どの首相にも重視され、経済企画庁長官、外相、法相、防衛相などを歴任していた。第二次内閣で、安倍はその高村を副総裁にした。

高村は、「集団的自衛権をまるまる認める場合は憲法改正が必要だが、必要最小限の範囲であれば、改正は必要ない」という考えの持主のようで、安倍はだからこそ、高村を副総裁にしたのであろう。

このとき幹事長であった石破茂は、容認するのならば、限定的でなく全面的に容認すべきで、ただし、その前に国家安全保障基本法を定めるべきだ、という考えの持主だったようだ。安倍は、それは無理だと考えていた。

安倍が、高村に公明との協議のとりまとめを依頼したのは三月六日で、その夜、自民、公明の幹部六人が帝国ホテルに集まった。

自民側は高村、石破、そして元防衛相の中谷元で、公明側は山口のほか、幹事長の井上義久、副代表の北側一雄であった。だが、この協議では自民と公明の考えの違いが際だっただけであった。

そこで高村は、前副総裁の大島理森《ただもり》に相談した。大島は、公明党の国対委員長である漆原良夫と緊密な関係だったので、漆原を口説いて何とかならないか、と考えたのだ。

大島の頼みに漆原は応えてくれて、三月二五日に白金台のホテルで、大島と高村、公明は漆原と北側の四人が会うことになった。

この会合で大島が「今後は、高村さんと北側さんとで実質的な協議を進めるべき」だと提案し、全員が納得した。実は、高村、北側の両者とも弁護士資格を持っているのである。

「砂川判決」をめぐって

だが、高村と北側の協議は容易にはまとまらなかった。

東京都砂川町(現・立川市)の旧米軍基地の拡張に反対する七人が基地に入り、日米安保条約に基づく刑事特別法違反に問われるという事件が起き、一九五九年に最高裁判決が下った。この「砂川判決」は、歴史上、唯一自衛権に触れた判決であった。

「自衛権は何ら否定されたものではない」

「(日本の)存立を全うするために必要な自衛のための措置をとりうる」

高村は、砂川判決によって、集団的自衛権は排除されておらず、「集団的」と名がつけば、一切合切ダメとする従来の憲法解釈に論理的な必然性はない、と捉えていた。

だが、北側は、この見解に否定的だった。

「砂川判決は、あくまで個別的自衛権を念頭に置いているだけだ」

一方、安倍の私的諮問機関である「安保法制懇」は、二〇一三年には何度も開かれた。特に外務省筋から、砂川判決によって、「(日本の)存立を全うするために必要な自衛のための措置をとりうる」、つまり集団的自衛権に前向きに取り組むべきという強い姿勢が打ち出されて、メンバーたちはそれに同意した。

そして、三月一七日に、国会内の会議室で、九年ぶりの自民党総務懇談会が開かれた。

集団的自衛権の行使容認に突き進む安倍首相の姿勢に危うさを感じる議員が増したためである。懇談会では、「憲法の「平和主義」に抵触する」「観念論ではダメだ」などという慎重論が相次いで出た。

高村は、こうした慎重論を黙って聞いていたのだが、「行使容認は、立憲主義を理解していないのではないか」との発言で、黙っていられなくなった。

そこで、砂川事件から最高裁の判決に到るまでの経緯を詳しく話し、「この判決では、国の存立を全うするために必要な自衛の措置はとり得るとしているのだ」と一気に力をふりしぼって強調した。

すると、自民党議員たちは、高村の懸命な説明に納得したようで、慎重論は出なくなった。そのことによって、高村はあらためて意を強くしたのである。

公明党が受け入れた条件

しかし、高村と北側との溝は埋まらなかった。

創価学会は、専守防衛にこだわっており、そのために山口代表も安倍の説明に耳を貸そうとはしなかったからである。

そこで、漆原が自民、公明の間を何とか取りまとめようと考えたのであろうか、大島に次のような指摘を紙に書いて手渡した。

●この国は、戦後、憲法解釈を変えたことがない。だから解釈を変えることに、憲法を変えるのと同じほどの抵抗感がある。

●安全保障政策の問題と憲法上の問題を切り離して議論することが必要。

●集団的自衛権を認めるという抽象的な議論でなく、細かな事例が必要。

この紙を受け取った大島は、当然ながら、それを高村に渡した。

高村は、四月に北側と何度も折衝をした。高村は、集団的自衛権のあくまでも限定的容認だという、それに対して北側は憲法で個別的自衛権の範囲内として認められる程度と主張した。だが、両者とも自公の連立を壊してはならないという点では一致していた。

そして六月四日、高村は横畠と兼原、髙見澤の両官房副長官補と協議して、北側に次のような具体案を示した。

「他国に対する武力攻撃が発生し、これにより国民の生命や権利を守るために不可欠な我が国の存立が脅かされるおそれがある」

こうした場合に集団的自衛権を認める、というのである。この案については安倍の了解を得ていた。

だが、北側は「話にならない」と突き返した。もっとも高村は、北側の「何とかまとめたい」との気持は変わっていない、と感じ取っていた。むしろ北側が拒否したことで、彼なりの具体案を考えているのだ、との思いを強くした。

六月九日夜、北側は高村に、東京・麹町のビルの一室で、自民党案を赤ペンで修正した紙を示した。

「国民の生命や権利を守るために不可欠な我が国の存立が脅かされるおそれ」の箇所が、「国民の生命・自由及び幸福追求の権利が根底からくつがえされる」と修正されていた。

高村から見ると、個別的自衛権に「薄皮」一枚をかぶせただけで、きわめて厳しい条件であったが、北側の「これしかない」という必死の顔つきから、「やむを得ないな」と判断した。

そして高村が「「高村・北側私案」かな」と言うと、北側は「絶対に高村私案で出して下さい。そうでないと公明党側に説明できない」と、強く頼み込んだ。

高村は、もちろん、北側私案を安倍にも示した。

「これでは、現実には集団的自衛権の行使はできないよ」と、安倍は大きく首をふって受け入れなかった。

だが、高村が回を重ねて、「自公連立が維持できない」と懸命に訴えると、「しょうがないか」と安倍は妥協した。対米関係強化のためには、かたちだけでも双務性に近づけることにするしかない、と判断したのであろう。

公明党は「歯止め」になったのか

七月一日、安倍内閣は集団的自衛権を使えるよう憲法の解釈を変える閣議決定をしたが、弁解のような記者会見であった。

その後、公明党の山口代表が記者会見で、「公明党は、個別的自衛権に匹敵するような事態にのみ発動されるとの歯止めをかけて、憲法の規範性を確保した」と強調し、さらに「集団的自衛権の行使は認めていませんから、その点をよく理解してほしい」と念を押した。

公明党としては、安倍首相に名は取られたが、実を取ったつもりなのだろう。

なお、安倍内閣の閣議決定は、安保法制懇のメンバーには非常に評判が悪かった。これでは、実際に集団的自衛権を行使するのは難しい、と捉えたのである。

(集団的自衛権行使をめぐる経過については、主に朝日新聞政治部取材班『安倍政権の裏の顔』(講談社)を参考にさせていただいた)

第13章　安倍一強体制と政治の変質

安保法制強行採決後も選挙に圧勝

安保法制は、野党はもちろん、少なからぬメディア、そして有識者たちに批判が強かった。たとえば慶應義塾大学名誉教授の小林節は「憲法九条を普通に読めば、海外派兵を想定してはいない。そこに踏み込めば、もはや憲法解釈の許容範囲を超えている。それは憲法の破壊であり、単なる憲法違反だ」と切り捨て、小林の批判を載せた朝日新聞は「捻じ曲げられた憲法解釈」と全面的に反対論を展開した。

そして、二〇一四年一二月一四日、安倍内閣で二度目の衆議院選挙が行なわれた。少なからぬメディアが安保法改正に批判的で、野党各党は集団的自衛権の行使を柱にした安保法制の危険性を強く主張したが、自民党は二九一議席を獲得して、自公で三分の二議席を確保した。

もっとも、二〇一五年になっても、安保法制に対する批判は強く、六月に開かれた衆議院憲法審査会で、民主党推薦の小林節や、維新の党推薦の笹田栄司（早稲田大学教授）が、否定的な見解を述べたのは予想されたことであったが、何と、自民・公明両党推薦の長谷部恭男（早稲田大学教授）までもが、安保関連法案、とくに集団的自衛権の行使は憲法違反だと言い切った。

自民党が長谷部恭男を推薦したのは、いわば失態だが、このことで自民・公明党は混乱に陥って、野党は俄然活気づき、マスメディアでも安保関連法案は憲法違反という声が強まった。

さらに、朝日新聞が七月一一日に報じた調査で、驚くべき結果が出た。調査に応じた憲法学者一二二人のうち一〇四人が、集団的自衛権の行使を可能にする安保関連法案を憲法違反だと指摘し、憲法違反でないとしたのはわずか二人でしかなかったのである。

九月一九日の未明、数万人の国民が深夜の国会を取り囲むなかで、安倍内閣は参院本会議で安保関連法案を強行採決し、成立させた。少なからぬマスメディアは、日本は攻撃されなくても戦いに参加できる国になった、つまり専守防衛の枠をぶち壊したのだ、と糾弾した。

新聞各紙の世論調査を見ると、安保法制の成立に賛成は、朝日で三〇パーセント、共同で三四・一パーセント、反対は朝日が五一パーセント、共同が五三パーセントで、「政府が国民の理解を得ようとする努力を十分にしてこなかった」が七四パーセント（朝日）であった。

つまり、国民の七割以上が、「わからなくて不安だ」と答えているのである。

ところが、翌二〇一六年五月には、伊勢志摩での先進国首脳会議を成功に収め、オバマ大統領に広島訪問をさせて、「核兵器をなくす」と宣言させるなどしたためか、七月一〇日の参院選では、自民・公明で一四六議席と、三分の二を確保してしまった。

八月八日、天皇がビデオメッセージで生前退位の意向を示された。政府はかなりとまどったようだが、皇室典範特例法として生前退位を認めることになった。

「憲法改正の必要はなくなった」

同じ二〇一六年の九月、私は首相官邸で安倍首相に会った。もちろん一対一の場である。そして問うた。

「衆参両院で、自公両党合わせると三分の二以上を確保しました。いよいよ念願の憲法改正ですね」

すると、安倍首相は、ちょっと間を置いて、声を低めて、次のように答えた。

「……大きな声では言えませんが、実は、憲法を改正する必要は、まったくなくなったのです」

どういうことなのか?

「実は、集団的自衛権の行使を認めるまでは、リチャード・アーミテージ(元アメリカ国務副長官)やジョセフ・ナイ(元アメリカ国防次官補)など、アメリカの高官がヤイノヤイノとうるさかった。このままでは日米同盟が維持できなくなるとも強く言われた。ところが、集団的自衛権の行使を認めると、アメリカは何も言わなくなった。満足しているようなのです。だから憲法改正をする必要はなくなったのです」

安倍首相は、そう落ち着いて語った。私は、安倍首相の説明にあまり違和感はなかった。あらためて岡崎久彦が、私に強調したことを思い出していた。

「東西冷戦が終わると、アメリカは、西側の極東部門である日本を守らなければならない責任がなくなる。だから、日米同盟を保持するためには、日米安保は、片務的ではなく、双務的にしなければならない。現にアメリカが、片務的のままでは日米同盟は持続できない、と言っているのです」

冷戦が終わって、リベラル派からも右派からも対米自立論が出たが、率直に言って、日米同盟を排しての自立論にはリアリティを感じられなかった。

鳩山由紀夫たち民主党案についてはすでに記したが(第11章)、西部邁、佐伯啓思、中西輝政などと岡崎久彦に討論してもらったことがある。西部たちは正論ではあったが、岡崎の方にリアリティがあった。そこで、そのことを西部に言うと、西部は、「学者にはリアリティなんて関係ないよ」と答えた。

アメリカから双務性を求められれば、現在の日本としては拒むわけにはいかないであろうが、いざ緊急事態となったとき、自衛隊は戦うことができるのか。政府首脳は、そうした必要は生じないと考えているのだろうが、都合の悪い事態が生じる可能性がないではない。その問題を岡崎久彦と議論したかったのだが、岡崎は死去してしまった。

そして、二〇一六年九月に私に「憲法改正の必要はない」と言い切った安倍首相が、二〇一七年五月に憲法改正をめざすことを表明したのである。

だが、それ以前に、いくつもの重大な出来事が起きていた。

二〇一六年一一月八日に投開票されたアメリカ大統領選挙で、「当選確実」とされていたヒラリー・クリントンが落選して、当初は共和党で泡沫扱いをされていたドナルド・トランプが大統領となったのである。

「世界のことはかまわず、アメリカの利益第一で進む」と宣言したことが、アメリカ国民に歓迎されたのだ。安倍首相は一七日にアメリカに飛んで、トランプ・タワーでトランプと会談した。当選後、外国の首相として最初に会談したのが安倍首相であった。帰国後、安倍首相は、電話で私に、「オバマ大統領とは事務的な会話しかできなかったが、トランプとは心を開いて話せそうだ」と話していた。

森友・加計疑惑の勃発と「共謀罪」強行採決

二〇一七年二月九日、朝日新聞が社会面トップで、財務省近畿財務局が学校法人森友学園に、国有地の売却額を非公表にし、実は売却額を一割近くに値下げしていたことを報じた。これが森友学園疑惑の口火を切ることになった。

森友学園は籠池泰典が理事長を務め、それまで幼稚園を経営していたが、二〇一七年春に小学校の開校を目指しており、校舎の建設も急ピッチで進んでいた。

森友学園のホームページには、明治天皇が示し、戦前・戦中の教育の根本理念となった「教育勅語」が掲載され、しかも安倍首相夫人の昭恵が、新設予定の小学校の名誉校長に就任していたこともあきらかになった。また、元経済産業相の平沼赳夫など、何人もの保守政治家から激励のメッセージが寄せられていて、新小学校は「日本で唯一の神道の小学校にする」と説明されていた。

だが、何よりの問題は、なぜ約一〇億円であった売却額が一億三四〇〇万円に引き下げられたのか、という疑問だ。

しかも、国は事前に汚染除去費用として一億三一七六万円を森友学園に支払っており、国庫には約二〇〇万円しか入っていないのである。野党もメディアも、売却額がこんなに下がったのは有力政治家が絡んでいるに違いないと強い疑念を持ち、だから大問題になったのである。

二月一〇日、朝日新聞の報道を受けて、財務省は売却価格が一億三四〇〇万円であると公表し、売却価格が格安になったのは、地下に大量のごみがあったためだと説明した。

しかし、後にごみの撤去処理費は、値引きの理由として誇張されていたことがわかった。

二月一七日、安倍首相は国会で、「私や妻はこの認可(森友小学校)あるいは国有地払い下げに、もちろん事務所を含めて、一切関わっていません。もし関わっていたのであれば、私は総理大臣も国会議員も辞める」と言い切った。もちろん、野党は安倍首相を厳しく追及したが、安倍首相は弁解に弁解を重ねた。

だが、麻生派の重鎮で元防災担当相の鴻池祥肇《よしただ》は、この時点で、森友小学校（瑞穂の國記念小學院）の開校は無理と捉えていたようだ。そのことを、民進党の福島伸享《のぶゆき》に洩らしている。三月六日、松井一郎大阪府知事は記者会見で、同校の四月開校は不可能だと発表した。さらに、野党各党が強く求めていた、籠池理事長の参考人招致を拒みつづけてきた自民党が、何と三月二三日に証人喚問を行なうと発表した。

あきらかに安倍首相にとって、籠池は「敵」となったのである。そして証人喚問で籠池は、安倍首相夫人の昭恵から一〇〇万円寄付されたと述べた。

昭恵夫人が森友学園に深くかかわっていることは明白だった。それでは、売却額引き下げと、具体的にどうかかわっているのか。

この時期、国民の多くは安倍内閣に強い不信感を抱いていたはずである。だから、七月初旬の朝日新聞の世論調査で、安倍内閣支持三三パーセント、不支持四七パーセントとなり、七月二日実施の都議会議員選挙では、小池百合子知事が率いる都民ファーストが五五議席を獲得し、自民党は二三議席と惨敗した。責任はもちろん安倍首相にある。

そして、七月三一日に籠池夫妻は「詐欺」容疑で逮捕された。かつては首相夫妻で異常なまでに応援していた籠池を、ここまで落とし込むとは……。権力者とはそういうものなのか。

続いて、五月一七日には朝日新聞が、加計学園の獣医学部新設が「総理の意向」であり、「官邸の最高レベルが言っている」という記録を文部科学省が文書にしていると報じた。加計疑惑が火を噴きはじめたのだ。

加計学園理事長の加計孝太郎は安倍首相の「腹心の友」で、同学園グループの岡山理科大学に獣医学部新設を望んでおり、京都産業大も同様に新設をめざしていた。しかし文科省は、獣医学部は人が足りているとして、新設の必要なしと考えていたのである。ところが、内閣府の幹部たちが「総理の意向」として加計学園での新設を強引に推し進めようとしていたのだ。

しかも、森友・加計疑惑で国民の多くが、安倍内閣に強い不信感を抱いていたこの時期に、安倍内閣は国民のプライバシーを大きく損ねるおそれのある「共謀罪」を、委員会採決をスキップして強行採決した。大問題である。

ただし、この時期に北朝鮮が大陸間弾道ミサイル（ＩＣＢＭ）を連続発射し、米朝間の緊張が非常に高まっていた。トランプ大統領は北朝鮮のことを「悪魔の国」と名指しして、いまにも武力攻撃を敢行しそうな空気だった。もしもアメリカが北朝鮮に武力攻撃をすれば、北朝鮮が日韓に報復攻撃をするおそれが高い。政府もそう捉え、緊張が非常に高まっていたのだ。

北朝鮮は、その後、広島に落とされた原爆の一〇倍の破壊力を持つという水爆の実験を行なっている。

「希望の党」の失速で再び追い風

八月の初旬、私は官邸に安倍首相を訪ねた。どうしても言わねばならないことがあったのだ。

――もしもアメリカが北朝鮮に武力攻撃をしたら、北朝鮮は日韓に報復攻撃をする。そうしたら日本は戦場になるおそれが強いが？

「それは大変、困ることだ」

安倍首相は顔をしかめて言った。

――それでは、どうすべきか？

私が問うと、安倍首相は「どうすればよいか」と逆に問うた。「どうすべき」と誰も安倍首相に言わないのだろうか。私は、「できるだけ早く、アメリカに飛んでトランプ大統領に会って口説くべきだ」と勧めた。

「口説くって、何を口説けばよいのか」

――北朝鮮の金正恩《キムジョンウン》がどんな条件を受け入れれば、トランプは会談のテーブルに着くのか、その条件をトランプから聞き出す。そしてトランプが条件を出せば、ただちに北朝鮮に飛んで、金正恩にそのことを伝える。おそらくトランプが会談の条件を出せば、金正恩は受けると思う。日本のためというより、世界のためです。安倍さん、命をかけて政治をやってほしい。

私がそう言うと、安倍首相は大きく何度も頷き、「ありがとう。そんなことを言ってくれるのは田原さんだけだ。田原さんと相談してトランプの口説き方を考えたい」と答えた。

ところが、その直後の内閣改造で、河野太郎が外務大臣となった。そこで、河野外相に、安倍首相に提案したことを話すと、河野外相は強い意欲を示し、自らワシントンに飛んだ。そして長い時間をかけて、ティラーソン国務長官を説得したようだが、成功しなかったようだ。河野外相は「なぜかティラーソン国務長官が非常に乗りが悪かった」と私に語った。私たちは事情を知らなかったのだが、この時期、すでにトランプ大統領とティラーソン国務長官の関係は悪化していたのである。その後、ティラーソン国務長官は大統領によって職を解かれている。もしも、安倍首相がトランプ大統領を口説けていたら、日本が米朝会談をセッティングすることになったはずだ。米朝間で首脳会談が行なわれたのは、二〇一八年六月一二日である。

九月に入ると、安倍首相は衆院を解散すると打ち出した。この解散宣言に対して、野党やマスメディアは「自己都合解散」だと非難した。たとえば、九月二九日の朝日新聞は、社説で次のように報じている。

「野党の国会召集要求を、三カ月余も放置して、やっと開いたものの、議論を一切しないまま解散する。憲法を踏みにじり、主権者である国民に背を向ける行為だ。首相の狙いは明白である。森友・加計疑惑をめぐる野党の追及の場を潰し去り、選挙準備が整っていない野党の隙を突く。今なら勝てる。勝てば官軍の「権力ゲーム」だ」

私は、この論調に同意というより、もの足りないぐらいの気持ちだった。そして、安倍首相の目論見ははずれて、自民党は敗《ま》けると予想していた。

二五日には、小池東京都知事が「希望の党」を立ち上げて、その代表になると宣言した。二六日に、小池知事と民進党の前原誠司代表が会談して、事実上、民進党が希望の党に合流することになった。これで、私は希望の党が勝つと確信した。実は自民党の幹部たちも、自民党は危ないと捉えており、公明党と合わせても二三〇議席を割れば、安倍退陣とならざるを得ないと考えていたようだ。ある幹部から、「その場合、誰がよいか」と相談までされた。

ところが、その後、小池代表が「(民進党から)全員を受け入れることは、さらさらない」「排除する」と言い切った。候補者を選別するというわけだ。

希望の党は集団的自衛権の行使にも憲法改正にも賛成している。だから、こうした基本的な考え方の異なる議員は受け入れない。つまり、リベラル派は外すということだ。リベラル派は排除すると言い切ったのである。排除された枝野幸男たちは立憲民主党を立ち上げると宣言した。

小池代表の「排除」発言で、選挙をめぐる空気は一変した。「希望の星」であった小池代表が「悪の塊」のように袋だたきにされ出したのだ。希望の党のイメージを鮮明にしようと考えたのだろうが、なぜ「排除」などという決定的な言葉を使ったのか。前原代表に、「なぜ止められなかったのか」と問うと、「小池さんと向かい合うと、思い切ったことが言えなくなる」のだと洩らした。

総選挙の結果は、苦戦が予想されていた自民党が、何と二八四議席を獲得して圧勝した。二三三議席、つまり過半数をとることを期待されていた希望の党は、わずか五〇議席にとどまり、小池代表から「排除」された立憲民主党が、五五議席を獲得して野党第一党になった。

だが、自民党の圧勝は、安倍首相に対する国民の信頼が回復したのではなく、小池代表の大失言と、野党の分裂のために、勝利が転がり込んできた結果である。

「偽り」が発覚しても支持率は下がらず

翌二〇一八年三月二日、朝日新聞が、財務省が森友学園に関わる決裁文書を改竄《かいざん》していた、と報じた。いやしくも民主主義を標榜する国にあっては、省庁による文書改竄などは、あってはならないことである。

改竄は一四の文書に及び、首相夫人と籠池との懇談、たとえば「いい土地ですから、前に進めてください」と言ったこと、また鴻池祥肇議員、平沼赳夫議員などとの特別のかかわりなどが一切削除されていた。売却価格について、森友側と近畿財務局が事前に会談を行なっていたことも全て削除されていた。つまり嘘でかためた文書に改竄されていたのである。

それにしても、朝日新聞は、どうやって決裁文書も改竄という、財務省にとって致命的な情報を入手したのだろうか。事情通たちは、大阪地検のリークではないかと捉えているようだ。それが事実だとすると、地検は何をどうしようと闘っていたのだろうか。なお文書改竄の時点で、財務官僚が一人、自殺していたことも判明した。

このような、とんでもないことを仕出かした責任は当然、麻生財務相にある。私は自民党の幹部五人に、麻生財務相は辞任すべきではないかと問うと、五人とも「辞任するだろう」と答えた。だが、多くの非難を浴びながら、麻生財務相は居座り、安倍首相も何も言わなかったようだ。辞任したのは、国会で偽りの発言をした佐川宣寿国税庁長官だけであった。政治家は誰も責任を取っていない。

そして四月一〇日に朝日新聞と東京新聞が、二〇一五年四月二日に、愛媛県と今治市、加計学園の幹部たちが首相官邸を訪問して柳瀬唯夫首相秘書官(当時)らと面会した際に、柳瀬秘書官が「「本件は首相案件になっており、内閣府の藤原次長のヒアリングを受ける形で進めてほしい」と発言したと、愛媛県の文書に記載されている」と報じ、その日、中村時広愛媛県知事が認めたことが確かめられた。となると、安倍首相が国会で、二〇一七年一月二〇日まで全く知らなかったと答弁したことも偽りだと判断せざるを得なくなる。

五月一〇日、衆参両院の予算委員会に、柳瀬元秘書官が参考人として呼ばれた。そして加計関係者と会ったことを認めた。しかも三回も会っていたという。いくつもの大学が獣医学部の新設を政府に申請していた最中に、加計関係者とだけ、しかも三回も会っていたとは、疑惑を免れない行動である。しかし、柳瀬秘書官は、首相から一切指示を受けていないし、訪問もしていないと語った。

首相秘書官が、いわば加計学園に対するえこひいきを手前勝手にやる、などということがありえるのか。私は柳瀬秘書官を経済産業省の課長時代からよく知っているが、そのような手前勝手なことをする人物ではない。

国民のほとんどが、柳瀬秘書官が虚言を続けているのだろうと捉えているはずだが、彼が虚言を続けているのは、安倍首相を守るためなのである。

実は、安倍首相が、二〇一五年二月二五日に加計孝太郎と会談しているという記録があるのだが、両者とも、それを強く否定している。加計問題も森友問題も、いってみれば「偽り」にまみれた疑惑なのである。

ところが、五月二一日付の朝日新聞の世論調査では、安倍内閣の支持率は前回より五ポイント増の三六パーセントで、読売新聞では三ポイント増の四二パーセントと、いずれも上昇している。

これは、いったいどのように捉えればよいのだろうか。

一つには、野党が安倍内閣のやり方を批判するだけで、どうすべきかという対案を全く示せていないことだ。さらに自民党の議員たちのほとんどが、安倍首相のイエスマンになって、森友・加計疑惑でも、異議を唱える議員がいないことだ。だから、少なからぬ国民が、安倍内閣に不満は持ちながら、他に選択肢が見つけられないでいる、ということではないのか。

一強多弱がもたらした政治の変質

六月一二日にシンガポールで初の米朝首脳会談が行なわれた。会談の内容については評価が割れているが、歴代大統領が行なえなかった米朝会談を実施したことの意義は大きい。それにしても、二〇一七年の夏、安倍首相に、ワシントンに飛んでトランプ大統領を説得すべきだと提言したとき、そのようにして安倍首相がトランプを説得できていたら、日本が米朝会談を実現させる役割をつとめられていたのである。残念至極である。

九月二〇日の自民党総裁選で、石破茂が予想外の大健闘をした。国会議員票はせいぜい五十数票と見られていたのに七三票を獲得し、地方票は一五〇票取れれば健闘と見られていたのに、なんと一八一票を獲得した。中でも、自民党員の安倍首相に対する不満、そして不信感がそれだけ強かったわけだ。一強多弱が続いて、安倍首相は神経がゆるんで言動がぞんざいになったのではないか。

その象徴が森友・加計問題だ。

私は、両問題とも背景には、異常なまでの、官僚幹部の官邸への忖度があったと捉えている。内閣人事局制度で、各省の幹部約六〇〇人の人事を官邸が握ることになったので、官僚たちは自信と誇りを失い、官邸の意向のままに動く。福田康夫元首相は、二〇一七年八月に、森友・加計問題について、「各省庁の中堅以上の幹部は皆、官邸の顔色を見て仕事をしている。恥ずかしく、国家の破滅に近づいている」と述べ、「内閣人事局は、最大の失政」と指摘している。

私が官邸や自民党幹部、財務省幹部、そして籠池本人を取材した限りでは、官邸は安倍首相の意向を忖度して財務官僚に、籠池の希望にできるかぎり応じるように求め、疑惑が思いのほか大きくなって安倍内閣が危うくなると、籠池を敵視し逮捕した。一方、加計問題は、官邸と官僚幹部たちが嘘でやり切れると判断したということなのであろう。

だが、二〇一九年一一月に、共産党の田村智子議員が、とんでもない「桜疑惑」を糾弾したことで、事態が大きく変わった。「桜を見る会」については、国会でもメディアでも散々論じられているので、あらためて説明しないが、安倍首相をはじめ自民党の幹部たちの神経が麻痺したとしか思えない、税金の私物化である。そこへ、さらに、東京高検・黒川弘務検事長の違法定年延長という、わざわざ国民の神経を逆なでするスキャンダルが起きた。

そこで、さしもの安倍内閣も崩壊せざるを得ない、と多くの国民が捉えたに違いないが、そこへ、何と中国の武漢で新型コロナウイルスの嵐が生じ、またたくまに全世界に拡大した。二〇二〇年五月五日現在で、世界の感染者三五八万五三五七人、死者二五万一五九五人。日本でも感染者一万五二五三人、死者五五六人。そして被害はどんどん拡大している。

世界中の人々がコロナウイルスに脅え、日本人の多くも、第二次世界大戦後、最大の困難だと恐れている。こうなっては、安倍首相としては、国民の生命を守るために、全力をあげてコロナウイルスと戦うしかない。

オリンピック・パラリンピックが一年延期となり、安倍首相四選論まで出はじめた。

安倍内閣、そして安倍首相自身にも認め難い多くの問題がある。しかし、それらについては後にしっかりと問うことにして、現在は、ともかくも、国民の生命と生活を守るために、全力をつくして、生命をかけてコロナウイルスと戦え、と励ましつづけるしかない。

ところが、遅ればせながら緊急事態宣言を行ない、安倍内閣支持率が上がると思いきや、各紙の調査で逆に下がってしまった。欧米諸国と異なって、違法行為をやっても罰則規定がない。それに職を失った人々、経営危機を迎えた企業に対する補償も、曖昧で複雑である。だから、国民の多くが、緊急事態宣言が出ても、新型コロナウイルスは抑えられないと捉えているのだ。

それに応えるために、各国政府は権限強化を求める。そして国外との関係を遮断する。つまり、反グローバル主義の各国政府による管理体制が強化される恐れが強い。

それに対して、今こそ、日本はコロナウイルス後の世界協調の民主的な世界のあり方を提示すべきである。

おわりに

第1章でも記したが、私は、高校、大学、そして社会に出てからも、日本の政党では日本共産党を最も信頼していた。共産党は、太平洋戦争のときに、最後まで強く反対していて、宮本顕治など幹部たちは敗戦まで刑務所に入れられていた。そして、戦争の総括もせず、戦争協力者が少なからずいる自民党には、徹底的に批判的であった。

そして、その共産党が全面的に信頼していたのがソ連邦であった。だから、私もソ連を信頼し、世界はやがて社会主義、そして共産主義になるのではないか、と考えていた。

もっといえば、当時、朝日新聞から読売新聞まで、ソ連を批判する新聞は一紙もなかった。NHKをはじめ、テレビ局も、アメリカの政治体制とは異なっているが、ソ連流の共産主義を肯定していたのである。とくにフルシチョフがスターリンを批判して登場したので、「雪どけ」として、非常に歓迎されていた。

そして、一九六五年、当時私は、テレビ東京(当時は東京12チャンネル)に所属していたが、モスクワで、世界ドキュメンタリー会議なるものが開かれて、なぜか私が日本代表として招待されることになった。

生まれて初めての海外旅行であった。

ところが、モスクワ滞在中に、ソ連では、言論・表現の自由が全く許されていないことがわかったのだ。とんでもない国だ、と実感し、この国に将来性はないと思わざるを得なかった。

だが、そんなことをいえば、テレビ東京にはいられなくなり、日本社会では孤立して、やっていけない、とも感じ、しかし、いつかはきちんといわなければならないと強く思った。

そのときから、私は、いわゆる左翼ではなくなった。

だが、昭和の戦争はやってはならない侵略戦争であり、ごまかしだらけの自民党を支持するわけにもいかない。そして、言論・表現の自由は生命がけで守らなければならない、と決意している。

となると、アナーキズム(無政府主義)にならざるを得なくなる。そこで困惑をつづけた挙句に、意を決して話を聞きたい、と一九七一年の一〇月、それまで全く面識のなかった自民党の政治家、宮澤喜一に会って話を聞きたい、と申し入れたのである。

宮澤は、自民党には稀有な近代的な政治姿勢と政治感覚を持った、クリーンなニューライトとして学術的な政治家であった。戦後の復興期に、池田勇人が一連の日米交渉にあたったが、実際には宮澤が交渉の当事者のような役割を果たしたのだといわれていた。もちろん堪能な英語によってである。ジョセフ・ドッジが、「池田は小さいけれど、すばらしいダイヤモンドを持っている」と、羨ましがったということだ。

宮澤は、快よく会うことを了承してくれて、永田町の宮澤事務所で会った。

そして、「日本人は、自分の身体に合わせた洋服をつくるのは下手だが、押しつけられた洋服に身体を合わせるのは上手です」という説明を聞かされたのであった。

「自分の身体に合わせた洋服」をつくろうとして、軍部が外交というか、政治家たちを押さえつけ、五・一五事件(犬養首相暗殺)、二・二六事件(高橋蔵相、斎藤内相、渡辺教育総監、そして岡田首相と間違って松尾伝蔵秘書などが殺害された)などのクーデターによって首導権を握り、日本を敗戦へと追い込んだ。

それに対して、敗戦後、米国から憲法を押し付けられ、このような憲法下では、まともな軍事力は持てないので、日本の安全保障は米国に責任を持たせて、その上、憲法を逆手に取って、米軍の戦争に巻き込まれるのを回避しつづけることができた、というのである。

たとえば、一九六五年に、米国がベトナム戦争をはじめたとき、米国は、「日本よ、ベトナムで一緒に戦え」と強く求めてきて、日本政府としては米国の要請は断われないのだが、当時の佐藤栄作首相に、宮澤が「本来ならば、ベトナムで一緒に戦いたいのだが、あなたの国が、難しい憲法を押し付けたので、自衛隊は海外に出られないではないか」といわせて、戦争に巻き込まれるのを回避できた。

その後、この論法で、日本は平和を持続しつづけ、高度成長を実現することができたのだというのである。

宮澤の解説は、実に説得力があり、私は心底から納得した。池田勇人、佐藤栄作以降、歴代首相は、この論理で、日本を運営しつづけてきたのであろう。

ただし、「自分の身体に合わせた洋服をつくることは考えない」、つまり、日本としての主体性、つまり自立については突き詰めて考えない。それを考えるのは、逆に危険だということである。

おそらく、田中角栄も中曽根康弘も、戦争を知っている世代の政治家は、この論理の上に立っていたはずである。

ただし、東西冷戦が終わった後は、米国が、この論法では承知しなくなった。

東西冷戦の最中の岸信介首相が米国と合意した日米安全保障条約では、日本が他国から攻撃された場合は、米国は日本を守るために戦う、ただし、米国が他国から攻撃されても日本は戦わない、という片務的な条約であった。

トランプ大統領は、この安全保障条約は不公平だ、と怒っている。

だが、冷戦下では、米国はこの条約に納得していたのである。米国としては、何よりも独立国である日本に、大量の米軍基地を持続しつづけて、その基地から世界のどこへでも自由に打って出られる、つまり世界戦略の重要拠点として持続しつづけられることが重要だったのである。

けれども、ソ連邦が解体して、冷戦が終わった時点から事情が変った。

東西冷戦下では、日本は、いわば西側陣営の極東部門であった。だから、東西冷戦下では、米国は西側陣営の極東部門である日本を守る責任があった。

だが、東西冷戦が終わり、ソ連が米国の敵でなくなると、米国は西側陣営の極東部門を守る責任がなくなった。

だから、米国が、冷戦下の片務的な条約のままでは、日米同盟を持続できなくなる、と不満をあらわにしたのである。

そこで、岡崎久彦などの強い要請によって、安倍晋三首相が、野党や憲法学者たちの反対を押し切るかたちで、公明党が納得する限定的な集団的自衛権を認めたのであった。

憲法学者たちや野党は、集団的自衛権を軸とした安保法制は憲法違反だと強調していて、朝日新聞の世論調査では、賛成が三〇パーセント、反対が五一パーセント、共同通信でも、賛成が三四・一パーセント、反対が五五パーセント、と反対の方が多かった。

実は、マスメディアでも、リベラル系は反対が多かったのだが、それでは日米同盟についてどう捉えているか、と問うと、同盟関係を損ねても、集団的自衛権を認めない、とする主張は強くなかった。その問題は曖昧だったのである。

もっとも、岡崎久彦たちにしても、実は宮澤論法の延長線上であった。彼らも、自分の身体に合わせた洋服をつくるべきだ、と主張しているのではなかった。

だから、彼らは憲法改正は求めていなかったのである。

げんに、二〇一六年の九月、私が安倍首相に一対一で憲法改正について問うと、「大きな声では言えませんが、憲法を改正する必要はなくなったのです」と、安倍首相は答えた。

「集団的自衛権の行使を認めたら、アメリカは何もいわなくなった。満足しているようだから」というのである。

だが、米国の歴代大統領は、「世界の秩序を正すのが米国の役割だ」と、きまり文句のように表明しつづけてきたのを、トランプ氏は「世界のことはかまわず、アメリカの利益第一で進む」と宣言したことが、アメリカ国民から歓迎されたのだ。アメリカの国民大衆は、第二次大戦後、アメリカは世界の警察になり続けて、アメリカ自体が衰弱し、さらに貧富の格差が大きくなって大衆の生活が苦しくなっている、という不満が強まっていたのである。

トランプ大統領が宣言した「アメリカの利益第一主義」というのは、第二次大戦後続けてきたパックス・アメリカーナの終焉ということなのであろうか。

そして、宮澤論法＝自民党の歴代首相が持続しつづけてきた「自分の身体に合わせた洋服はつくらない」とは、パックス・アメリカーナを前提としていたのである。

ということは、つまり、アメリカが日本の抑止力になるということで、あくまで戦後レジームの延長だったのだ。

だが、パックス・アメリカーナの終焉ということは、アメリカに日本の抑止力としての役割を期待できない、ということになる。

げんに、トランプ大統領は、日本が核兵器を持ちたいのならば、持ってもよい、と語っている。

そして、アメリカに日本の抑止力としての役割を期待できないということは、自前の安全保障を考えなくてはならない。つまり、本当の意味での自立を考えなくてはならない、ということになる。

実は、米軍に占領されていた時代から、対米従属から脱皮して、日本は自立すべきだ、とする意見は少なからずあり、特に冷戦が終わった後はそうした意見が強まった。

東西冷戦が終息して、世界第二位の軍事大国であるソ連が敵国でなくなったのだから、アメリカの抑止力が必要ではなくなった。だから、日本は自立できる、いや自立すべきだ、というのである。

だが、岡崎久彦たちは、自立論に与しなかった。

そして先に記したように、日米同盟の強化を唱えた。

戦争を知っている人間として、宮澤論法、つまり、自分の身体に合わせた洋服をつくることの危険性を強く覚えていたのと、もう一つ、岡崎久彦は、私に、核兵器に対する強い拒否反応を示した。原爆による深刻な洗礼を二度も蒙《こうむ》った日本としては、核兵器を持つなんてことは考えられない、というのである。

私は、その岡崎に、二〇〇三年一月、イラク戦争の始まる二カ月前にイラクのバグダッドに行ったときの話をした。

実は、イラクの大統領であったフセインにインタビューができるというので、バグダッドに飛んだのである。ところが、フセイン側が、「田原の行動は、CIAが全てキャッチしている、だからフセイン大統領と会った瞬間に、米空軍に爆撃される。だから、フセイン大統領には会わせられないが、ラマダン副大統領やアジズ副首相とならば、インタビューしてもよい」というのである。私はＯＫした。

そして翌日、ラマダン副大統領にインタビューした。そこで、ラマダン副大統領が訴えたことに、私は、答える言葉を失った。

「アメリカは、われわれ、イラクが大量破壊兵器、つまり核兵器を持っている、だから許し難い、攻撃すると宣言しています。けれども、残念ながら、われわれは、まだ核兵器を開発できていません。そして、実はアメリカはそれを知っている。だから攻撃するのですよ。もしも、われわれが核兵器を持っていることがわかれば、アメリカは攻撃できないはずです。残念ですが……」

そして、二カ月後に、ブッシュ大統領のアメリカはイラクを攻撃し、フセイン大統領もラマダン副大統領も殺されたのであった。そして、攻撃後に、アメリカは、イラクが核兵器を持っていなかったことを発表したのである。

そして、その事実を知った北朝鮮は、早急に核開発に力を注ぎ、核保有国となったので、トランプ大統領は、武力攻撃をするのではなく、米朝首脳会談に応じたのである。

原爆による深刻な洗礼を二度も蒙っている日本としては、核兵器を持つなんてことは考えられない。

岡崎久彦は、そう強調し、その点では、私も全く同意見である。

しかし、だから岡崎たちは、日本の自立論には与せず、日米同盟の強化、つまり限定的な集団的自衛権を認めることを主張したのであった。

これは、憲法違反だとする意見が強いが、私は、宮澤論法の持続だと捉えている。

だが、この当時は、米大統領は、パックス・アメリカーナの終焉を宣言してはいなかった。

そのようなことをいうのは、アメリカにとって恥、つまり誇りを捨てることだ、と、どの大統領も捉えていた。

だが、それをトランプ大統領は、いってのけ、そのことがアメリカの国民大衆から支持されたのである。

トランプ大統領のウクライナ疑惑にしても、あきらかに権力の濫用である。それを上院の数の力で押し切ってしまった。しかも、トランプ大統領は「アメリカ第一主義」だけではなく、民主主義をないがしろにして、彼の考えに、いささかでも異なる考え方を表明するとただちにクビを切る。これがまた、決められる大統領として少なからぬ国民に歓迎されているのである。

もちろん、トランプ大統領は「アメリカ第一主義」で、同盟関係を損なうことを厭わない。こうなると、岡崎論法とは違って、日本は自立を考えざるを得ないのだが、私自身は、戦争を知っている世代であって、自分の身体に合わせた洋服をつくることの危険性を強く感じていて、また、非核国として自立する、と、すっきりといい切ることに対するためらいもある。

そこで、祖父・岸信介や父親・安倍晋太郎を引き継いだ安倍首相も同じ思いだろうと捉えて、安倍に強く、日米地位協定を改正することを求めたのであった。日米地位協定とは、はっきりいえば占領政策の改悪であり、そのしわ寄せが顕著にあらわれているのが沖縄である。面積が日本全土の〇・六パーセントしかない島に、米軍基地の約七〇パーセントがあるという大矛盾を沖縄県民が憤るのは当然である。

私は、日米地位協定の改正こそが、自立に向けた大きな第一歩だと捉えている。

そして、戦争を知らない世代の政治家、学者、ジャーナリストたちと、真剣に、時間をかけて、この国の自立について考えようとしているのである。

謝辞

本書は、雑誌『世界』に連載した「我が総括」（二〇一九年一月号〜二〇二〇年一月号）に加筆・修正を行ない、書き下ろしを加えたものである。

刊行にあたっては、企画の段階から編集長の熊谷伸一郎氏をはじめとする岩波書店『世界』編集部のみなさん、また、書籍担当の第二編集部の大竹裕章氏にお世話になりました。心から感謝を申し上げます。

田原総一朗

田原総一朗

1934年滋賀県生まれ．ジャーナリスト．

早稲田大学卒業後，岩波映画製作所に入社．東京12チャンネル(現・テレビ東京)を経てフリー．「朝まで生テレビ！」(テレビ朝日系)の司会を務める．

著書に，『塀の上を走れ――田原総一朗自伝』『令和の日本革命――2030年の日本はこうなる』(講談社)，『創価学会』(毎日新聞出版)，『対峙――日本を動かした怪物たち』(扶桑社)，『日本人と天皇――昭和天皇までの二千年を追う』(中央公論新社)，『日本の戦争』(小学館)ほか多数．

戦後日本政治の総括

2020年6月5日 第1刷発行
2020年7月15日 第2刷発行

著 者 田原総一朗《たはらそういちろう》

発行者 岡本 厚

発行所 株式会社 岩波書店
〒101-8002 東京都千代田区一ツ橋2-5-5
電話案内 03-5210-4000
https://www.iwanami.co.jp/

印刷・法令印刷 カバー・半七印刷 製本・松岳社

ISBN 978-4-00-061410-8 Printed in Japan